實踐心流的零基礎練習

10步驟學會進入心流，增進生產力與表現
達成工作與生活目標、收穫快樂

戴蒙・札哈里斯——著
羅亞琪——譯

The Art of Finding Flow

How to Get in the Zone, Maintain Razor-Sharp Focus, and Improve Your Productivity and Performance at Will!

DAMON ZAHARIADES

企畫叢書 FP2288

實踐心流的零基礎練習

10 步驟學會進入心流，增進生產力與表現，達成工作與生活目標、收穫快樂

The Art of Finding FLOW

How to Get in the Zone, Maintain Razor-Sharp Focus, and Improve Your Productivity and Performance at Will!

作　　者　戴蒙・札哈里斯（Damon Zahariades）
譯　　者　羅亞琪
責任編輯　黃家鴻
封面設計　王俐淳
排　　版　陳瑜安
行　　銷　陳彩玉、林詩玟
業　　務　李再星、李振東、林佩瑜

發 行 人　何飛鵬
事業群總經理　謝至平
編輯總監　劉麗真
副總編輯　陳雨柔
出　　版　臉譜出版
城邦文化事業股份有限公司
台北市南港區昆陽街 16 號 4 樓
電話：886-2-25007696　傳真：886-2-25001952
發　　行　英屬蓋曼群島商家庭傳媒股份有限公司城邦分公司
台北市南港區昆陽街 16 號 8 樓
客服專線：02-25007718；25007719
24 小時傳真專線：02-25001990；25001991
服務時間：週一至週五上午 09:30-12:00；下午 13:30-17:00
劃撥帳號：19863813 戶名：書虫股份有限公司
讀者服務信箱：service@readingclub.com.tw
城邦網址：http://www.cite.com.tw
香港發行所　城邦（香港）出版集團有限公司
香港九龍土瓜灣土瓜灣道 86 號順聯工業大廈 6 樓 A 室
電話：852-25086231　傳真：852-25789337
電子信箱：hkcite@biznetvigator.com
新馬發行所　城邦（新、馬）出版集團
Cite（M）Sdn. Bhd.（458372U）
41, Jalan Radin Anum, Bandar Baru Seri Petaling,
57000 Kuala Lumpur, Malaysia.
電話：+6(03) 90563833
傳真：+6(03) 90576622
電子信箱：services@cite.my

一版一刷　2024 年 4 月

ISBN 978-626-315-461-2（紙本書）
978-626-315-464-3（EPUB）

售價：NT 360 元

國家圖書館出版品預行編目資料

實踐心流的零基礎練習：10 步驟學會進入心流，增進生產力與表現，達成工作與生活目標、收穫快樂／戴蒙・札哈里斯（Damon Zahariades）著；羅亞琪譯 . -- 一版 . -- 臺北市：臉譜出版，城邦文化事業股份有限公司出版：英屬蓋曼群島商家庭傳媒股份有限公司城邦分公司發行，2024.04
面；　公分 .（企畫叢書；FP2288）
譯自：The art of finding flow : how to get in the zone, maintain razor-sharp focus, and improve your productivity and performance at will!
ISBN 978-626-315-461-2（平裝）

1. CST: 注意力　2. CST: 成功法

176.32　　113000264

目次

給讀者的禮物

為了答謝各位購買本書，我想要送給你們一份禮物：《生產力大爆發：想要完成更多事情，必得培養的十大好習慣》（*Catapult Your Productivity: The Top 10 Habits You Must Develop To Get More Things Done*）PDF電子書檔，全書共四十頁。

這本四十頁的書雖輕薄短小、很快就能讀完，但內容豐富，收錄了許多實用且能真正改變人生的建議。

請點以下網址，並加入我的郵寄名單，便能即刻得到《生產力大爆發》這份禮物：

http://artofproductivity.com/free-gift/

在接下來的內容中，你將學到隨時進入心流狀態的方法。我們會一步一步探索整個過程，等你讀到〈特別收錄〉的部分時，你就會擁有隨心所欲進入心流所需的工具。處在心流狀態的你能夠完成自己最具創造力和生產力的工作，並且體驗到最佳的表現。

準備好了，就往下讀吧。

關於心流的名言佳句

「最快樂的人會花很多時間經歷心流，在這個狀態中，人們會非常投入一件事，乃至於其他的一切似乎都不重要了。這項體驗令人無比享受，因此人們願意付出極大的代價，只為了能夠做這件事。」

——米哈里・契克森米哈伊（Mihály Csíkszentmihályi）

「當生命達到巔峰、再也無法爬得更高時，會令人感到狂喜。矛盾的是，這種狂喜會在人最具生命力的時候出現，卻又讓人完全忘了自己活著。」

——傑克・倫敦（Jack London），《野性的呼喚》（*Call of the Wild*，一九〇三年）

「生命真正的奧祕是，完全投入此時此刻所做的事情，不稱之為工作，而是發現那其實是種玩樂。」

——阿倫·瓦茲（Alan Watts）

前言

你肯定知道那種感覺，也肯定不只一次經歷過那種感覺。它出現時，簡直就像魔法發生了，甚至令人感到超現實。假如那種感覺沒有出現，你可能會覺得少了什麼不可或缺的東西。

我所指的當然是在心流狀態下做事的感覺。當你沉浸在當下的活動時，其他一切都消失了，你的注意力完全集中在手邊的事物上，你變得超級專注。

大部分的人都認為，心流只能靠運氣獲得，只有繆思女神造訪時才會發生——他們假定自己無法控制這個狀態。

那是錯誤的認知，實際上，我們可以隨心所欲控制讓自己進入心流狀態的眾多因素。

不過，這些我們待會再說。

我是在小時候接觸到心流的。當時，我常參加游泳比賽。基於某些我到現在仍不清楚的原因，教練把我歸類為「長泳小子」，總是替我報名一千五百公尺自由式之類的比賽，因此每次訓練都長達數小時。

參加短泳比賽（如五十公尺自由式）時，心流很少會發生，因為沒有時間——一眨眼，比賽就結束了。然而，在漫長的賽事中，奇怪的事發生了，當下的各種焦慮（「對手有沒有追上來」、「我這次一定要完美轉身」等等）都不見了，取而代之的是一種祥和平靜的感覺。你進入了「那個狀態」，游泳表現的每一個層面都被拆解成最簡單的形式。

划、踢、呼吸。

即使你已筋疲力盡，肌肉和肺部想要好好休息，這些動作好像還是很簡單。你擁有完全的掌控，這令你感到滿足，甚至享受。

從那時起，我已經享受過許多次在心流狀態下做事的感覺。當我在彈吉他，或是跟樂團成員（我參加過業餘樂團）一起練習、玩音樂時，我曾經一再感受到心流；在美國企業界闖蕩期間，我多次在檢視試算表時感受到心流；今天，我也時常在寫作時進入心流狀態。

重點來了：我學會不把這件事交給運氣，不等繆思女神降臨。反之，我想出一套方法，讓自己能夠隨心所欲進入心流。

這就是這本書的宗旨，我會在接下來的內容中教你如何進入心流。你會學到如何在任何時候進入心流狀態，不必仰賴命運或繆思女神，一旦做到了，你就能收穫現在看來難以企及的益處。

不過，這些我們也是待會再談。

我們先來看看你會在本書中找到什麼。

戴蒙・札哈里斯

生產力藝術

二〇二三年五月

你會在本書中學到什麼

這本書最主要的目標，就是訓練你在任何時候進入心流。我會提供兩種方式實現這個目標：第一種方式會帶你深入認識心流的心理學，除了探討大腦的運作方式，也會建構理論框架來支持我所提出的方法。

第二種方式會把焦點放在心流的實作層面，檢視心流在現實世界如何運作，同時探索實現心流所需要的步驟。

我更為偏好第二種方式，如果你比較喜歡前一種做法，心理學家米哈里・契克森米哈伊（心流之父）曾經針對這個主題寫過數本非常嚴謹的著作。

你會發現，這本書很短，這是刻意的，每一個章節不是讓你能夠馬上開始練習，就是用來支持這樣的章節。書中沒有任何多餘的內容，我喜歡讀這樣子的自我成長書，希望你也是。

以下快速講一下你在接下來的內容中會讀到的東西。

第一部分

這部分會涵蓋實現及運用心流的必要基礎。想要完全體悟心流如何改變我們的人生，就必須先了解心流是什麼。

〈第一部分：何謂心流？〉會把這個正向的心理狀態拆解成最單純的組成要素。我們會撇開一般圍繞著心流的那些枯燥乏味的噱頭，檢視它的本質。我們也會探討在心流狀態下做事的好處，談談如何在生活的許多層面中加以運用。

第二部分

我們會在這個部分展開實作練習。就好比技師必須了解汽車的各個組成部位是如何互相協調，影響其整體表現，我們也必須了解心流的許多層面是如何做到類似的事情。

〈第二部分：準備進入心流〉會談到恐懼帶來的影響，說明恐懼為何會妨礙你進入心流狀態。我們會探討哪些狀況可以誘發心流，而你又該如何控管這些狀況。我們也會講到有哪些事物會妨礙你進入心流狀態，這樣你就可以做好準備，在它們造成問題之前先行斬除。

第三部分

這是本書的「教戰」部分，我們會捲起袖子，研發一套進入心流狀態的系統。

在〈第三部分：進入心流的十個步驟〉中，你會學到進入並充分利用心流狀態的可靠方法。每一個步驟都附有言簡意賅的說明和一項簡單的練習，你或許會想要做筆記，並在之後重溫這個章節。

第四部分

我們對於心流狀態的了解越多，就越能善加利用。就像熟知手上食材的廚師，我們將擴大自己對於心流體驗的覺察。

〈第四部分：深化對於心流的覺察〉會探討如何判斷自己是否已經進入心流，也會說到如何維持心流狀態。最後，我們會談談心流的黑暗面，幫助你做好萬全準備，避免棘手（且時常受到忽略）的問題。

特別收錄

訓練自己隨心所欲實現心流，跟訓練自己成功做好任何一件事情一樣，從事特定活動可以鍛鍊我們的思維，以及協助我們創造適合自己的做事程序。如同運動員會訓練自己增強耐力和肌力，我們也能訓練自己進入心流，等到需要進入心流的時候到了，這些訓練可以讓整個過程順暢無阻。

本書最後一個部分會提供十項簡單練習，你可以在任何時候進行。跟第三部分一樣，你也許會想要一再重溫這個章節。

繼續向前

這本書涵蓋了很多內容，但是我保證很快就會講完，讓你能夠盡快運用這些資訊。記住，這本書的目標是要訓練你在任何時候進入心流狀態，因此第一要務就是採取目的明確的行動實現這個目標。

開始之前，我還有最後一件事想說：我強烈建議你完成這本書提供的練習。這些練習都很簡單、不用花什麼時間（每項練習都有預估完成的時間，讓你可以根據自己的時程安排）。

這些練習到現在依然對我大有助益，我覺得它們也能幫助你繼續向前。

第一部分

何謂心流？

人們普遍存在一個錯誤的理解，認為心流是提高生產力的策略之一，這種錯誤觀念使人們無法享受心流帶來的所有好處。儘管在心流狀態下做事可以使你更有生產力，但那只是一種副產物，不是實踐心流的主要理由。

想在心流狀態下做事的主要理由，是因為這讓我們感覺更投入正在做的事。當我們完全投入其中，便會感覺更加圓滿、滿足和快樂。

這些正向的感受豐富了我們的日常經驗，可是很多人卻忽略了：我們的人生感覺更有意義；我們的決定和行動感覺更有目標、更有影響；我們感覺自己更能參與其中、自我賦能、有所掌控。

最終，這些感受會激勵我們在生活中完成了不起的事物，而且更重要的是，我們在過程中會更快樂和滿足。

心流的本質

以最簡單的方式來說，心流是一種全神貫注的狀態，我們所有的注意力都集中在當下的活動中，無論我們在做什麼，都完全沉浸其中，而且表現達到巔峰。

據一些運動員描述，在心流狀態下，即使他們的身體處在極大的壓力之中，也感覺平靜、充滿活力；有一些學生描述，心流使他們能夠高度專注在自己學習的學科上，同時不會被周遭環境分心；有一些藝術家則將心流描述成近乎催眠的狀態，他們可以輕而易舉、毫不受限地進行創造。

但是，這不代表在心流狀態下做事很容易。我們往往得把自己逼到能力和不適耐受度的極限，才能獲得最好的成果。

挑戰是必要條件

在心流狀態下做事所帶來的正向感受，是從克服一項具有挑戰性的事情而來的。假如一件事很簡單，完成它除了可以把它從待辦清單上劃掉外，我們不會感覺自己獲得獎勵。假如一件事很輕鬆，我們也不太可能投入其中。

經常實現心流的人表示，當他們在做一件對他們而言很困難的事情時，感覺最投入。例如，進入心流的運動員會把身體逼到耐力極限；學生理解、掌握複雜的概念時，得絞盡腦汁；藝術家必須跟內在的批評聲音搏鬥，想辦法關掉那些聲音。

唯有在這些充滿挑戰的狀況下，才有可能實現心流。我們做的事如果很難，便能提升我們的專注力，高度集中於我們的焦點，使其他一切退居幕後。好處是，一旦召喚了心流，我們很有可能會產生更大的投入感。

恰到好處的心流

光是面臨挑戰並不足夠，我們還必須擁有克服挑戰所需的必備技能。此外，我們的技能應該

跟挑戰的難度達成平衡。

如果我們缺乏克服挑戰所需的技能，很有可能會感到充滿壓力和挫敗。但另一方面，如果我們認為自己擁有的技能大大超越這個挑戰，則很有可能會感到無趣乏味。這兩種感受都難以促成心流。

假如我們的技能和感興趣完成的事情之間，能夠取得適當的平衡，就會同時感覺自己握有控制權和受到激勵。我們感覺自己有辦法接受挑戰，而不會感到焦慮或冷感。我們會很興奮，甚至急著想要捲起袖子，著手進行這件事。

心流與極度專注

繼續往下說之前，必須先區分心流和極度專注（hyperfocus）之間的差異。這兩個概念時常被混為一談，我們有必要點出其中的差異。

我們已經描述過心流，談到了心流是什麼，在這種意識狀態下做事又是什麼感覺，這是個令人嚮往的狀態，可加以誘發和駕馭，為我們帶來好處。

極度專注就不一樣了，通常是無法控管注意力所造成的。處於極度專注狀態的人會被吸引他們注意力的事情給佔據，舉例來說，玩電動玩到著魔的小孩可能聽不見別人叫他的名字；因為進行居家修繕裝潢而入迷的成人，則可能忘了吃飯或約好的事情。這好像和心流很類似，但卻是跟衝動和缺乏情感自制力有關。

極度專注常常在注意力缺陷過動症（ADHD）的脈絡下討論，雖然表面上可能跟心流擁有一些共通的特性，但是兩者的誘發因子是不同的。最重要的是，極度專注可能帶來負面的影響，假如沒有控制好，會導致嚴重的後果。

這本書的焦點是心流，包括如何實踐並善加利用心流，基於這個宗旨，我們要在這裡跟極度專注這個主題說再見。

實踐心流可帶來七個改變人生的益處

誠如前面提到的，我們常常把心流想成是增加生產力的手段。假如我們專注工作專注到完全沉浸、投入其中，就能完成更多事情。

某種程度上來說，這並沒有錯，可是，在心流狀態下做事還可以讓我們得到其他許多益處。若我們只把焦點放在提高生產力，便有可能忽視別的好處。

以下列出學習如何誘發這個正向心理狀態的七個理由，讓你能夠完全領悟到自己可以獲得的一切。

好處一

創意更多

最常阻礙我們發揮創意的兩個因子是恐懼和不安。不管我們是想畫一幅山水畫、寫一本小說，或者是針對工作上遇到的問題想出跳脫框架的解決方法，我們都會擔心成果。成果會很棒嗎？會符合他人的期望嗎？會符合**我們自己**的期望嗎？我們能做得更好嗎？

當我們進入心流狀態，恐懼和不安的程度會降低，也不會對結果感到那麼焦慮，因為我們專注在創造這件事情上。

好處二
不怕分心

每當我們在做一件無法引起興趣、吸引注意的事情時，便很容易被內外令人分心的事物吸走。令人分心的內在事物包括我們腦中的一切，像是自我懷疑和恍神；而外在的東西則包括身邊的任何事物，如社群網站、手機和同事之間的交談。

當我們在心流狀態下做事，這些都會消失。它們其實還存在，只是我們不再注意到它們。我們不再察覺到這些東西，因此也不會受到它們影響。

好處三

學習更快

大部分人都希望自己的學習速度能夠更快，快速學習新事物讓我們更能適應時局、更能受到面試官的青睞、朋友會覺得我們更有趣，新習得的知識與技能也會使我們更滿足。問題是，快速習得新事物對許多人而言是很困難的，想要精通一件事有時更是看似不可能。

心流狀態可以加速我們的學習。在心流的狀態下，我們不再受到令人分心的事物、挫折感、焦慮以及自我懷疑阻撓。反之，我們會興匆匆地學習眼前的主題，其他一切都將退居幕後，使我們完全專注在這個主題上。

除此之外，我們在學習新知識或技能時，會經歷正向的回饋循環。我們對主題的掌握度越高，就感覺越滿足、自信和快樂，而這些感受又會反過來激勵我們繼續學習，直到精通這件事。

好處四

更加快樂

快樂有許多定義，但從核心定義來看，快樂被認為是由喜悅和滿足所組成的一種情緒狀態。當我們感到快樂，就會感到圓滿知足。

這不是固定不變的狀態，快樂會隨著我們的境遇、期許和情感回應而起伏。但是，假如我們的需求被滿足、做的事符合自己的利益，就會更快樂。

在心流狀態下做事會提升這種感受，我們可以應付眼前的挑戰，而不會感到焦慮，在做事的同時感到充滿成就感、心滿意足。我們享受自己在做的事，因為它符合我們的利益。更重要的是，我們做這件事的時候不會覺得備感壓力或侷促不安。在這個狀態下，我們內心的批評聲音和其他內外令人分心的事物都會安靜下來。

好處五

正向壓力

情緒壓力通常被認為是面對我們自身境遇時，所做出的負面反應。施加在我們身上的要求會使我們感覺受到逼迫、驚惶，甚至恐懼，每個人都經歷過充滿壓力的時候。

基於這些負面意涵，大部分的人都努力減輕自己的壓力。然而，壓力不見得是不好的，也不見得會傷害我們。在特定的情況下，壓力可能非常有益。

實現心流時，我們時常會經歷一種稱作**良性壓力**（eustress）的狀態，這是能使我們充滿活力的壓力。我們在面對壓力源的時候，有自信可以克服它，因此儘管存在做出好表現的壓力，卻不會感覺焦慮，而是對自己的能力感到肯定。

好處六

情緒控管

每個人偶爾都會控制不住自己的情緒：早上通勤時被別的車輛搶道，我們會很生氣；同事沒盡到自己的本分，我們會氣急敗壞；人生給我們帶來一個又一個的挫折時，我們會灰心喪志。

承認偶爾會情緒失控並不丟臉，但是我們可以學著調節情緒，而在心流狀態下做事可以幫助我們做到這一點。

在心流狀態中，我們感覺專注、自信、投入，不覺得自己是生命境遇的受害者、無能為力，而是相信自己有能力應付一切、理性且有目標地做出回應，然後克服。

好處七

提高生產力

前面說過，在心流狀態下做事可以帶給我們的，不只有提高生產力這一點，因此我不鼓勵執著在這個好處上。然而，不去談它是很愚蠢的，因為事實就是，研究證明我們在這個狀態下做事的確更有生產力。[1]

理由很明顯，當我們感受到跟自己行動有關的正向情緒時，會表現得更好，我們會更快樂、更有自信、更有創意、更有目標。這能提高我們做事的效率，最終也能提高生產力。

我所指的提高生產力，不是促使你以破紀錄的速度劃掉待辦清單上的幾十個項目，而是幫助你完成一件對你很重要的事情，一件與你的目標相符的事情。

你願意跟著心流走嗎？

你可以得到很多，只要持續學習在心流狀態下做事，一定能收獲帶來巨大轉變的終身裨益。你願意追尋這個目標，學會心流嗎？

此時此刻，你或許認為心流只適用於運動員、需要發揮創意的人，以及特定的職業生涯，但那是錯的，其實在生活的每一個層面，你都能夠因為進入心流而受益。

1 *Increasing the 'meaning quotient' of work.* (2013, January 1). McKinsey & Company. https://www.mckinsey.com/capabilities/people-and-organizational-performance/our-insights/increasing-the-meaningquotient-of-work

心流在生活每一個層面都很實用

只要你在做需要專注的事情，都可以善加利用心流，包括在職場、家庭、學校，甚至是空閒時間所做的任何活動。

在職場上，無論你是農夫、醫生、水電工或建築師，進入心流都對你有所幫助。在家裡，不管是做家事、唸書或冥想，你都可以好好運用心流。當你在空閒時間種花、閱讀或烹飪，也有可能進入心流狀態。

我想傳達的重點是，各式各樣的活動都可以在心流狀態下完成，儘管有時候可能不是那麼明顯，以下就來探索其中一些：

職場的心流

不管你從事什麼職業，都有可能分心。你聚精會神、保持效率的能力總是會受到周遭環境的威脅。

例如，你在辦公室可能得應付愛講話的同事；假如在醫院工作，電話、病患和各種電子通知都可能會擾亂你專注的能力；如果你是律師，客戶傳來的電子郵件和訊息會令你難以專心；你若是軟體工程師，你跟網路之間的距離永遠只有一鍵之遙，而網路就像個無底洞，充滿令人分心的事物。

無論做什麼工作，你都可以創造心流。當你成功創造心流，就可以不受任何事物分心，專注在工作上。你會變得更有生產力和效率，過程中也會感覺更投入。

居家的心流

想想你在家裡會做哪些活動，以下舉幾個例子：

- 家事
- 運動
- 唸書

- 冥想
- 居家修繕裝潢
- 學習新技能
- 寫日記
- 創立副業

你可以在心流狀態中完成上述的每一種活動，你會更享受這些活動，就連做家事也一樣，你會更有覺察力、更專注留心、更充滿活力。

創作的心流

創造新事物是非常令人滿足的體驗，這個行為會帶來許多正向的情緒。當你成功創造出某個東西，大腦會充斥多巴胺，也就是「感覺良好」的化學物質。

你可以創造什麼類型的東西？以下列出幾個例子：

- 吉他或鋼琴樂曲
- 構想的畫作
- 夢想完成的小說
- 副業的新產品
- 送給朋友的禮物
- 根據原創食譜完成的菜餚
- 設計給孩子玩的益智遊戲

在心流狀態下，創作過程會變得更容易，因為阻礙變少了，令人分心的事物消失了，內在的批評聲音被打斷了。你可以自由地取得進展，不再讓焦慮和干擾把創造有價值的事物變得困難，甚至不可能。

學業的心流

上學有可能感覺很無聊，尤其是如果老師缺乏風趣或教得不好的話。你可能會開始神遊，因此沒有聽到重要的資訊。結果，資訊和數字變得更難記，作業和報告變得更難寫，考試也變得更困難。

心流可以幫助你專注在課堂上，就算老師的講課真的無聊透頂，你還是能夠輕易學會和記住教材內容，你的筆記會變得更有組織也更完整。無論講師有不有趣，你都會更投入這個主題。這會讓你在上課時有完全不同的感受。心流雖然不能把乏味的課程或無趣的老師變得令人興奮，卻**可以**幫助你精通課程內容，使你更容易完成作業和報告，以及通過考試。

運動的心流

無論你是參加業餘或職業競賽，許多因素都有可能影響你在體育活動上的表現。你的表現不只跟體能有關，甚至也不只跟你是否精通這項運動有關。假如你十分專注、放鬆、注意自己的身體，便有可能表現得很好；假如你充滿壓力、感到挫敗或心思被別的事物佔據，那麼你的表現就會失常。

很多運動員都說，當他們處於心流狀態，動作做起來感覺不費吹灰之力。他們說，人生其他方面的壓力源彷彿都消失了，使他們感覺整個人變得平靜。他們感覺更有掌控力和自信心，發覺自己表現得很好，因此自我懷疑也消失了。

在心流狀態下競賽，你可以專注於當下，不去擔心結果。你會完全沉浸在那一刻做出的行動和遇到的狀況，你很專注，不會分心。你會感到投入、熱血，而非無所謂或冷感。結果呢？你不但表現出更高的水準，還很有可能更樂在其中。

休閒的心流

我們常常認為休閒時間是不重要且沒意義的，假如我們做的事跟工作、家庭或是有目的性的活動（如給房子上油漆、整理房間雜物等）無關，那就不可能很重要，對吧？錯了。心理學家指出，我們從事休閒娛樂的時間對我們的身心健康很重要。[1] 這可以幫助我們管理壓力和焦慮，以及改善心情。有些休閒活動可賦予我們成就感，讓我們充滿正向情緒。

想想你每次有空的時候喜歡做什麼活動，以下列出一些可能的選項：

- 烹飪
- 閱讀

● 彈吉他
● 種花
● 手指作畫
● 玩拼圖
● 編織
● 下棋
● 木刻

你是否試過在空閒時間做自己最喜歡的活動，卻無法完全樂在其中？或許是生活的其他層面使你擔憂；或許你因為一件瑣事跟伴侶吵架，讓你很後悔；或許你在等一通重要的電話，因此無法專心。

要是你能把一切壓力源全都拋諸腦後，就算只是暫時的呢？要是你能在心流狀態下做自己最喜歡的休閒活動呢？

你就能完全沉浸其中，不受令人分心的內在事物干擾，好好烹飪、閱讀或種花，並且真正享受自己的休閒時間，得到隨之而來的、心靈和身體健康上的益處。

心流不只跟生產力有關

我在這個章節想要表達的重點是，心流可以帶給我們助益的方式有時並不明顯，甚至有違直覺。心流跟提高生產力、完成更多事情無關（儘管這是在心流狀態下做事通常會得到的結果），而是要讓你體驗更美好、更令人滿足的人生。

當我們固定感受到心流才有可能帶來的投入與沉浸時，會感覺更滿足，更滿意我們花費時間與注意力的方式。我們的思緒變得更清晰，人生好像更有意義了。

這對我們看待事物的方式有重大的影響，我們不再掙扎撐過每一天，而是感覺與自己的行動更有連結，因為這些行動跟我們的目標和嗜好有關。我們感覺自己的每一個行動都更有目標和決心。結果，日子不再令人厭煩和痛苦，而是我們絕對能夠克服的挑戰。

你想要持續體驗這種感受嗎？如果是這樣，就讓我們先來奠定進入心流的基礎吧。

1 Tonietto, G., Malkoc, S. A., Reczek, R. W., & Norton, M. I. (2021). Viewing leisure as wasteful undermines enjoyment. *Journal of Experimental Social Psychology*, 97, 104198. https://doi.org/10.1016/j.jesp.2021.104198

第二部分

準備進入心流

幸好，我們不必等這種心理狀態來找我們，也不需要仰賴繆思女神，只要了解誘發心流的因子有哪些，就能在時間和狀況允許的任何時候進入心流。

這不是什麼形而上或超自然的東西，而是需要靠練習。如同所有的技能，只要練習越多，你就越擅長，也越容易進入心流狀態。

在學習一步一步進入心流之前，我們需要知道有哪些因子扮演重要的角色，一點準備就能帶來莫大的助益。這好比新手駕駛在發動汽車之前，要先學習汽車的方向盤和兩個踩踏板是做什麼的。

為了達成這個目標，這一部分會先建立好一些框架。我們會談到恐懼對心流造成的影響以及協助誘發心流的要素，也會探討心流最常見的敵人，讓你在它們造成問題之前就能事先避開。

奠定基礎

你過去肯定有經歷過心流，或許當時你沒有意識到這點，但是你的確進入了那個狀態，完全沉浸在自己正在做的事情上。你很可能喪失了時間感，也有可能沒聽見電話或訊息，甚至可能忘了吃一、兩餐。

你沒有「嘗試」進入心流，事情就這麼發生了，你樂在其中，因為你正發揮全力做出最棒的表現。

這個例子告訴我們一件事，那就是當條件都對了，你的大腦往往能自行找到心流，這就是得以隨心所欲進入心流的關鍵。假如事先設定好所有條件，你能多有效地誘發心流？

潛意識的關鍵角色

如果想要實現心流，從事你打算在心流狀態做的事情，你必須感到放鬆。這種沉著源自熟練，如果你精通一項技能或活動，做這件事的時候很有可能感到自在，你的潛意識可以替你出很多力。

舉例來說，假設你是游泳選手，已經游泳很多年了，大部分的動作都變成肌肉記憶，比賽時，你不需要思考如何做出自由式、蝶式或是你參加的任何項目的每一個動作，因為你的潛意識知道自己在做什麼，可以替你完成。由於不用思考每分每秒，你可以更快進入心流狀態，多年的訓練使你辦得到這點。

現在，設想相反的情況：你正在學游泳，沒有任何肌肉記憶，所以潛意識沒辦法接管這件事。你很專心地做出每一個動作和手勢，注意自己的呼吸是否恰當，認真做出正確的轉身。在這種情況下，要找到心流幾乎不可能。你的大腦努力在運轉，因為你沒有感到一絲放鬆。

進入心流之前，你的潛意識必須要開啟，而這只有在你做自己擅長的活動時才有可能發生。這項活動是跟創作、體能還是智識有關，一點也不重要，但無論如何你一定要熟練這項活動，才能啟動潛意識。

好消息是，這自然而然就會發生，你的經驗越多、技能越強，潛意識就準備得越充足、越是積極想要接手。

例行程序和習慣如何幫助你

許多人都喜歡隨興的概念，憑著一時衝動做出未經計畫的行動，對他們來說很好玩、很刺激。但事實上，大部分的人都是靠著規律的程序才能發光發熱，因為我們是習慣的動物。

這是個好消息，因為這跟學習誘發心流有關。前面說過了，潛意識是實現心流的關鍵。我也有提到，當我們在做自己擅長的事情時，心智的這個部分就會啟動。因此，只要遵循能夠刺激潛意識的例行程序，便能更順利地進入心流。

我們可以創造一系列的習慣（這個過程稱作「習慣堆疊」〔habit stacking〕），每次想進入心流時就做這些事。這些例行程序來自我們為了激發潛意識所創造的模式，它可以啟動潛意識，允許潛意識處理一個行為的細枝末節。如此一來，我們有意識的那部分心智就不用做那些事，可以完全沉浸在活動中。

你為了這個目的所創造的固定程序和習慣，是獨一無二的，根據你自己的偏好而定，例如到戶外散散步、聆聽特定類型的音樂或進行調息練習，我們會在第三部分詳加討論。

不可妥協的心流條件

想要進入心流，必須處於特定的情況之中，有三個條件一定要滿足，我們才能夠真正進入那個狀態。

第一，一定要有明確的目標。理想上，這應該源自對我們很重要的某個事物（而非上司或他人期望而帶來的壓力）。

第二，一定要相信自己可以成功做到投入的活動，我們必須有信心自己可以克服可能遇到的任何挑戰。

第三，一定要擁有一個回饋循環，持續為我們的行動提供即時評估。它會告訴我們，我們是否朝著實現目標的正確方向前進。

當這三個條件都得到滿足，進入心流就會簡單許多；如果沒有滿足，想要實現心流基本上是不可能的。

恐懼會阻礙心流

恐懼有時候是有益的，可以提高我們對情勢的覺察力，保護我們避開危險。恐懼鼓勵我們小心謹慎，不讓錯誤的決定帶來慘劇，在某些情況下，恐懼對我們的生存是必要的。

但是，恐懼有時候也是絆腳石，如果不加以控管，會使我們備感壓力、焦慮，甚至驚慌。這會損害我們的決策能力，甚至癱瘓我們的腦袋，讓我們無法行動。

在這種狀態下，我們很難專注。除非能化解恐懼，否則要享受心流幾乎是不可能的。所以，我們現在就來仔細檢視這個對心流不利的情緒。我會快速帶過你可能遭遇的恐懼類型，探討應該如何控管恐懼，不讓它妨礙你實現心流。

恐懼會劫持你的腦袋

大腦深處有兩個橢圓形的構造，合稱為杏仁核（amygdala）。杏仁核發揮的功用不只一種，但其中之一是負責處理它認為可能對我們身心健康造成威脅的外在刺激。杏仁核會促使我們對負面刺激做出可能確保生存的反應，因此在受到刺激時，杏仁核會觸發反擊或逃跑反應。

我用了過度簡單的方式來說明這個複雜的大腦部位，但這已經足夠達到探討心流的目的了。心理學家丹尼爾．高曼（Daniel Goleman）在他的著作《EQ》（*Emotional Intelligence*）中發明了「杏仁核劫持」（**amygdala hijack**）一詞。我們對於可能造成威脅的刺激所做出的情緒反應，凌駕在大腦的理性功用之上，杏仁核會「劫持」理性，促使我們做出跟真實情況不相稱的反應。

例如，假設你正在開車上班的途中，一輛車不小心搶了你的道，你一時驚慌失措偏到一邊。雖然你安全避開了一場車禍，但你還是非常憤怒。你追上那輛冒犯你的車，對駕駛破口大罵，還用中指比了個極不友善的手勢。

你的杏仁核劫持了你的大腦，觸發不相稱的情緒反應。你雖然安然無恙，卻很生氣，這種情緒狀態促使你做出攻擊行為。

了解這個過程很重要，因為我們任何時刻經歷的壓力和焦慮都會阻礙心流。如果我們無法管好恐懼，就會下意識地讓它阻擋心流。我們的壓力指數會升高，注意力也會分散，以對造成恐懼的刺激做出反應。

運動員經常遇到這種問題。比賽使他們產生的焦慮和緊張（像是對失敗的恐懼）會令他們無法專注和進入心流狀態，恐懼最終會破壞他們的表現。

我們一旦學會管理自己的恐懼、控制自己對負面刺激的情緒反應，就更能夠做好進入心流的準備。

阻礙心流的十種恐懼類型

在正確控管我們的恐懼之前，必須先覺察到自己受到哪些恐懼折磨。每個人擁有的恐懼都不一樣，妨礙你心流的恐懼跟妨礙另一個人心流的恐懼不會相同。以下列出十種使我們受限的常見恐懼類型：

一、失敗恐懼

二、成功恐懼

三、改變恐懼

四、批評恐懼
五、羞辱恐懼
六、錯失恐懼
七、犯錯恐懼
八、未知恐懼
九、責任恐懼
十、承諾恐懼

我幾乎可以肯定，你經歷過很多上面列出的恐懼類型，甚至可能目前還備受其中幾種所苦。不只有你如此，每個人都會在某些時候經歷這些恐懼，有些人更是常常經歷。

比方說，我時常被改變與未知的恐懼所困擾。我的父母告訴我，我從小便是如此。長大後，我學會控管這些恐懼，但那需要時間和努力，好處是，這些恐懼已經不會阻止我進入心流狀態。

同樣地，一旦你成功管好經常使**你**受限的恐懼，實現心流就會容易許多。

如何克服恐懼和焦慮

要在這裡完整討論這個重要的議題，是不可能的，很多人都寫過一整本書來探討這件事。[1]儘管如此，我仍然可以提供幾個訣竅，它們曾幫助我控管恐懼，你或許也會發現它們很有幫助。

首先，辨識你的恐懼類型。這個建議聽起來老掉牙了，但是我們很容易會想透過逃避或忽視來控管恐懼，這是不管用的（我的經驗告訴我這一點）。在成功控管特定的恐懼或焦慮之前，必須要願意**面對它、承認它**。

第二，記下你出現恐懼的時間和誘發恐懼的東西，這可能會揭露一些行為模式。一旦找出這些行為模式，要有效控管便比較容易。

第三，恐懼感出現時，停止你正在做的事情，問問自己這合不合理。我們很容易會把事情想得很嚴重，常常假定最糟的狀況會發生，即使過去的經驗讓這個假定不成立。這項練習讓我了解到，我對改變的恐懼幾乎都是沒有依據的。

第四，運用想像力幻想自己儘管害怕，卻還是成功了。例如，你要參加工作面試，但是對改變感到很焦慮。這時，閉上眼睛，想像自己被錄用了，而且非常享受新工作。

我不想把克服恐懼的過程描述得好像輕而易舉，這是一個複雜又充滿挑戰的難關，尤其假如觸發恐懼的問題根深柢固的話。儘管如此，上面這些訣竅的確對我有所幫助，我也真心希望它們可以幫到你。

1 蓋伊・漢德瑞克（Gay Hendricks）的《跳脫極限》（*The Big Leap*）和羅斯・哈里斯（Russ Harris）的《自信的陷阱》（*The Confidence Gap*）都是優秀的作品。

心流的眾多誘發因子

在〈奠定基礎〉一章，我們談到心流的三大先決條件：

一、清楚明瞭的目標
二、可以克服隨之而來的挑戰的自信
三、正向的回饋循環

必須先具備這些要素，才能實現心流。當這些條件都確立了，事情就完成一半了。接著，我們可以透過許多可靠的誘發因子幫助進入心流。

作家史蒂芬・科特勒（Steven Kotler）在二〇一四年的著作《超人的崛起》（*The Rise of Superman*）中提出了十七種心流的誘發因子，並分成四個不同的類別。我們接下來將探索這些類別，了解要如何持之以恆地運用各個類別底下的誘發因子，進而找到心流。

誘發心流的四類因子

心流的誘發因子鞭策我們專注在手邊的任務，這些是感官方面的暗示，可以驅使我們進入心流。雖然隨心所欲進入心流必定是刻意造成的結果（我們在第三部分會談到詳細步驟），這些誘發因子卻能發揮行為提醒的功用，為心流做好鋪陳。

這些誘發因子可分成四類，科特勒分別定義為：

- 認知因子
- 環境因子
- 創意因子
- 社交因子

認知因子出現在我們的腦袋裡，包括極大的專注、明確的目標、跟目標匹配的適當技能水準，以及針對自己的努力取得回饋的手段。後面三類誘發因子幾乎跟心流的三大先決條件如出一轍，所以對進入那個狀態來說是不可或缺的。

注意，「適當的技能水準」不只是說我們有能力執行這件事。我們必須感覺自己受到挑戰，卻又不覺得這件事不可能做到。換句話說，我們不能感到無趣，也不能感到驚慌。

環境因子出現在我們的周遭，包括發生重大後果的風險、充滿變動的環境，以及對一切外在刺激的深度覺察。就讓我們快速說明每一種因子：第一，不希望發生的結果可能會發生，這樣的風險會促使我們專注。例如，運動員可能害怕輸掉比賽，這個他們不希望發生的結果會鞭策他們專心。

第二，充滿變動的環境會帶來一定程度的隨機與不確定性，這會刺激我們的感官，迫使我們專注。例如，你在湍流中泛舟，溪流和附近的岩石都需要你專心應對。

第三，對外在刺激的深度覺察指的是你如何處理感官的資訊。提供豐富感官刺激的環境會鼓勵我們專注，我們會感覺跟周遭環境擁有強烈的連結，而這可以釋放注意力。例如，獵人會敏銳地察覺到各種聲音、氣味和其他感官輸入。

創意因子跟心流之間的關係很複雜。科特勒認為，這兩者會形成一個迴圈，互相補充養分。

創意可以誘發心流，心流又會激發更多創意，這個過程會把我們不斷往心流狀態的深處推。

蘋果公司的創辦人史蒂夫・賈伯斯（Steve Jobs）認為，看出不同事物之間的連結，便能創造新點子。他曾說過一句名言：

> 創意其實就只是把東西連結在一起罷了。當你問充滿創意的人他們是怎麼辦到某件事的，他們會覺得有點心虛，因為他們其實沒有做什麼，只是看見一個東西而已。只要經過一段時間，他們就能清楚地看見這個東西，那是因為他們能夠連結自己過去的經驗，合成出新的事物。

這跟運用創意誘發心流的觀點是一致的，當我們看出了事物的模式和關聯，大腦就會釋放多巴胺這種神經傳遞物質。這能使我們更專注，有助進入心流。

社交因子會出現在團體場合。我們往往從個人的角度思考心流，但是一個分工合作達成共同目標的團體也可能實現心流。

這些社交因子有的跟我們前面提過的很類似，包括高度的專注、清楚的目標以及產生嚴重後果（例如失敗）的風險。科特勒提到的其他社交因子則只適用於這個類別，我在下面依照他的用詞列出來：

- 良好溝通
- 熟悉感
- 不同自我的融合
- 掌控感
- 仔細聆聽
- 總是說好

其中幾項因子應該多做說明：**熟悉感**指的是團隊成員擁有共通的語言。這不一定是口頭上的語言（例如棒球選手所使用的手勢），只要所有的成員都懂即可。

不同自我的融合指的是團隊中沒有任何一個成員得到絕大部分的焦點，所有成員都能夠平等參與。

掌控感的意思是，每一位成員都能運用自己擁有的技能自由履行他們的職責。團隊在追求共同的目標時，個別成員都能以適合他們的方式自由執行自己的任務。

總是說好不是要你當一個耳根子軟的人或一隻順從的綿羊，而是指團隊成員應該採納彼此的貢獻，不要針對彼此的意見詆毀或爭執。

這些就是科特勒分成四個類別提出的十七種心流誘發因子。當然，了解這些因子只是運用它們的第一步。

你應該專注在哪些心流因子上？

前面提到的心流因子有一些是不可妥協的，例如，實現心流一定需要專注力、清清楚楚的目標、回饋循環，還有足以達成目標卻又令你感覺很有挑戰的技能水準（即認知因子）。所有的因子都很重要，能對進入心流作出重大貢獻。然而，少了某些因子仍有可能找到心流，例如，對外在刺激的深度覺察，就某些情況或某些類型的活動而言可能沒有必要或不那麼關鍵。同樣地，假如我們是獨立作業，科特勒的社交因子便相對無關緊要。此外，有些因子比較跟個人喜好和處境有關。

我建議你把每一種心流因子都實驗看看，觀察各項因子在你進行特定活動時，會對你產生什麼影響。例如，從事某些帶有嚴重後果和風險的活動，接著留意這個風險是會提高你的專注力，還是會使你分心。

再舉一個例子：在不同的環境下（例如一個人在家或到吵雜的咖啡廳等）從事你所選擇的活動，接著記錄不同的環境對你產生的影響。充滿動態的環境所帶來的刺激是會刺激你的感官，幫助你聚焦在這項活動上，還是會入侵你的思緒，使你難以專注？

我要傳達的重點是，尋找心流的經驗對我們每一個人來說都不一樣，這本書的目標是要幫助你建立一套適合**自己**的流程。

心流的大敵

心流的誘發因子是進入那個狀態的關鍵，但這只是硬幣的其中一面，另外一面也很重要，那就是會阻礙心流的事物，這些是心流的敵人，如果不管它們，就算是動用了所有的誘發因子，它們也會妨礙我們進入心流。

好消息是，我們不需要成為這些心流殺手的受害者。我們可以正面迎擊，確保它們不會阻撓我們。接下來，我們會檢視最可怕的心流阻礙，並討論解決這些問題的實用訣竅（注意，這是本書最長的章節，但我保證值得一讀）。

令人分心的事物

在分心的時候要進入心流基本上是不可能的，我們的注意力被拉走，遠離試圖完成的事情，而且往往是被拉到四面八方。

我們通常會把令人分心的事物放在實體環境的脈絡之下思考：在工作場合，吵雜的同事、不重要的會議和閒聊八卦使我們難以專心；在家中，附近的工地、喧鬧的兒童和突然造訪的鄰居都有可能毀了我們的專注力；當然，我們也應該把手機、網路和社群網站算在內。

令人分心的事物也可能來自內心，我們的想法和情緒可能破壞專注，阻止我們享受心流。例如，我們可能在擔心自己的財務、因為感情問題而沉鬱，或因為最近做出的決定而痛苦，有些人還會被自我懷疑所淹沒（下面會詳細處理這個棘手的東西）。

我們可以採取一些步驟來減少和消除許多妨礙我們實現心流的干擾。例如，我們可以比同事早進辦公室；我們可以戴耳機減輕噪音，同時降低他人打擾自己的機率；我們可以關上辦公室的門（儘管可能沒辦法關太久）；我們可以拒絕參加不需要自己出席的會議。

在家的時候，可以請家人不要在我們工作的時候打擾（除非有緊急狀況）；我們可以跟鄰居設下界線，請他們不要想來就來；我們可以設計一套任務管理系統，讓我們暫時放下其他職責，因為我們知道這些事最後一定能完成。

令人分心的內在事物就比較複雜了。許多人發現，規律的運動、充足的睡眠和健康的飲食能幫助他們管理思想與情緒。有些人則發現冥想、心理治療和視覺提示很有助益。每個人內在令人分心的東西都不一樣，所以我們採取的解決方式也必須有所不同。

多工處理

很多人都對自己的多工處理能力感到自豪，他們認為自己要在忙碌、甚至混亂的狀況下才能發光發熱，將注意力靈活分散給多個任務。然而，這種認知其實是不正確的，建立在錯覺之上。

大腦並不像許多人以為的那樣能夠多工處理，大腦不會同時處理好幾個任務，而是在不同的任務之間切換（這有一個貼切的名稱，就叫「任務切換」〔task switching〕）。問題在於，任務切換會帶來沉重的代價。每當我們將注意力從一項任務轉移到另一項任務，我們的焦點和氣勢便會被打斷，這稱作「切換成本」（switching cost）。多工處理者每次試圖同時處理多個任務，就得付出這樣的代價。

如果我們想要隨心所欲實踐心流，就一定要約束內在的多工處理者。這邊列出幾個訣竅：

- 工作的時候關掉手機（情況允許的話）。
- 列出**有效率**的待辦清單（排出任務的優先順序並預估每一項任務需要花多久時間完成）。

- 如果沒有時間（檢視你的待辦清單），就婉拒他人的要求和邀請。
- 整理工作空間。
- 記下腦海中浮現的念頭，以免注意力遭到佔據。
- 工作的時候不要檢查電子信箱。
- 訓練自己做到單工處理（從簡單的開始做起，例如先試著單工處理五分鐘）。

我透過上面的辦法戒掉了多工處理的習慣，雖然這需要時間，但是最後確實有用。如果你長久以來都有多工處理的習慣，我鼓勵你試試看。

自我懷疑

每一個人的內心都有批評的聲音，這個內在的獨白會擾亂我們的思緒、決策與行動，使我們質疑自己的判斷，削弱自信與自尊。若不加以控管，它最終還有可能導致羞愧、無能以及其他黑暗的感受。

對有些人而言，這個內在的聲音是進入心流的最大阻礙。我們執著於這聲音對自己的批評，進而放大自我懷疑，儘管那些批評毫無依據。我們不再信任自己擁有的技能與知識，而這會阻撓我們實現心流。

我們一定要學會關掉內在的批評聲音，消滅對自己的能力所抱持的懷疑，這是找到心流的先決條件。假如內在的批評聲音失控了，可以試試以下的做法：

- 使用第二人稱寫下內在聲音的批評。例如，把「我再也找不到人愛我」寫成「你再也找不到人愛你」。這項策略會切斷你跟這些評語之間的連結，這樣你就不會毫不猶豫地接受，而是更有可能提出質疑。
- 跟內在的聲音爭辯，要求提出支持這個論點的證據，接著仔細檢視這項證據（內在的聲音一定無法贏過這項挑戰）。
- 回想一些可以駁斥這個批評的事件，例如追蹤工作上得到的回饋、回憶過往的成功企畫。
- 想像朋友的內在聲音也做了類似的批評，設想你會給予什麼建議。例如，你絕對不會說：「你**的確**能力不足又一無是處。」而是會說：「你犯了錯，這沒什麼大不了，人人都會犯錯，這不是世界末日。」對自己也展現同樣的同情心。

我們要記住一個重點，那就是內在聲音的批評並沒有依據，而是來自對過去事件的過度誇大。例如，分手後，內在的聲音可能會說我們令人反感，再也找不到愛我們的人；在工作上得到有建設性的回饋之後，內在的聲音可能會暗示我們能力不足又一無是處。

這種觀點是內在批評聲音的致命弱點，透露出它的指控是錯誤的。我們一旦看出它的不實，內在批評聲音對我們的控制就會減少，甚至隨著時間過去而慢慢消失。

完美主義

完美主義是不切實際的，但是很多人選擇忽略這一點，堅持追求完美。有時候，這種傾向其實只是短暫的欲望，理性最終會佔據上風。當我們發覺這不切實際時，便會放棄追尋。可是，有些人非常執著於完美主義，他們會被它吞噬，只要結果達不到施加給自己的不合理期許，便一律拒絕接受。當我們沒達成這個期望，便會痛罵自己，感到不快樂、焦慮和沮喪。

完美主義跟心流之間的關係很矛盾，我們越是要求完美，就越對自己的技能和能力感到沒自信。我們沒有把一件事視為挑戰（實現心流的必要元素），而是認為這件事一定會失敗，這種看法會使我們無法實現心流。我們太害怕失敗（也就是達不到完美），因此無法完全沉浸。

假如你有完美主義的困擾，可以試試下面的訣竅，它們可以幫助你克服。

- 犯錯時，要記住這並不代表災難發生，大部分的錯誤都可以修正，有的甚至可以完全忽略，因為它們不會帶來什麼影響。
- 問問自己，為了完美主義所付出的時間和心力，以及得到的壓力，對你的目標是否值得，這會讓你看見更大的格局。
- 把你的努力視為「第一份草稿」。第一份草稿本來就會有錯誤，你可以在之後的草稿中修正，這會減輕你害怕犯錯的心理。
- 追蹤並慶祝自己的進展。就算犯了一大堆錯，你還是完成了一些值得讚美的事情。
- 提醒自己為什麼要做這件事，這會讓你看見更大的格局，不計較小細節。

想要進入心流狀態，我們必須放下完美主義的傾向。只有在拋開追求完美的顧慮之後，我們才會真正對自己的能力感到自在。確信自己可以克服任何挑戰，就能取代焦慮，這樣的自信將使我們大方地信任自己。

心理壓力

壓力是心流的隱形殺手，它會默默茁壯，把充滿挑戰的境遇所帶來的負面思想和情緒當做養分。壓力一旦建立穩定的根基，便會霸佔我們的注意力，這會破壞我們專注的能力，佔據腦力，提升焦慮感。

有時候，壓力來自重大的創傷事件，像是離婚、受了重傷或親朋好友去世。更常見的是，壓力源自未解的議題或比較小型的事件。例如，我們可能因為金錢問題、高壓的工作環境、孤立或寂寞而備感壓力。我們可能因為跟伴侶爭執、跟同事起衝突或是早上通勤的時候發生擦撞而經歷壓力。

假如我們沒有正確管理壓力，壓力就會不斷累積，最後控制我們的思想、決策和行動。這影響的層面很廣，會阻礙我們進入心流狀態。

如果你的壓力指數經常高到使你無法專心，可以試試這些訣竅來管理壓力：

- 找時間進行休閒活動。追尋你的興趣——看小說、聽音樂、線上下棋……這必須是你很享受的事情，把它排進每天的行事曆裡。
- 照顧自己的身體——運動、伸展、走路。
- 照顧自己的心靈——冥想、深呼吸、不要看新聞。
- 要有充分的睡眠，養成改善睡眠的晚間習慣（如睡前不要使用電子裝置）。
- 找時間跟可以誠實談論自我感受和難題的人相處。

這些建議只是冰山一角，想要全面管理壓力，需要更深入的探索，不過上面這些訣竅是很棒的開始。

值得一提的是，這裡所說的是**負面**的壓力，會提高焦慮感，觸發我們的反擊或逃跑反應。良性壓力則是不同的大腦化學反應，會使我們感到興奮、充滿動力、活力十足。在計畫假期或開始新工作時，我們可能會經歷**良性**壓力。

過度承諾

我們很容易養成什麼事都答應的習慣，即使知道自己應該拒絕。我們想幫助別人、避免衝突；我們想接受邀請；我們不想錯過任何機會或很棒的經驗。但是，沒有設立界線會使我們幾乎不可能享受心流。

問題是，當我們什麼事都答應，就會承諾過度。我們會不小心把行事曆塞得滿滿的，沒有留時間給自己。我們沒有時間放鬆和充電，沒有時間追尋自己的興趣，也沒有時間管理身心健康。

更糟的是，我們會擔心自己是否符合別人的期望。假如我們答應幫某個人，他會滿意成果嗎？假如我們答應邀請，對方會高興自己邀請了我們嗎？

最後，我們會感到焦慮，被扯向四面八方。我們的心理狀態變得疲憊不堪，實踐心流所需的清晰頭腦和平靜心靈也消失了。

解決方式很簡單，那就是學會拒絕。但是，簡單不一定表示容易，你可能需要破除多年以來的心理設定。以下列出一些很有幫助的訣竅，把接受的習慣改成拒絕的習慣：

- 總是清楚知道什麼對你最重要（你應該花時間在這上面才是）。
- 明白你拒絕的是那件事，不是那個人。
- 想出幾個體面的回應（例如：「我很想幫你，但我現在忙得焦頭爛額。」）。
- 提供替代方案（例如：「我今明兩天行程都滿了，星期四再幫你可以嗎？」）。
- 直接明確地表達（應該說：「不，我今晚無法出席。」不要說：「嗯，我不太確定……」）。
- 錯過就錯過了，不要感到不自在。

學會拒絕是避開過度承諾這個陷阱的最佳方式。我們可以自由將對**自己**來說重要的東西排在前面，而不是把有限的寶貴資源奉獻給**別人**的優先事物。在這個過程中，我們就不會因為被拉往四面八方而感到恐懼和焦慮。反之，我們會感覺自己擁有掌控和平靜，而這有助清除障礙，通往心流。

精疲力盡

當我們因為持續不斷的壓力而感到心靈和情感疲憊，便是這裡所說的精疲力盡。這通常是在工作情境中討論，我們長時間在壓力下工作，有時候甚至不喜歡這份工作，因此到了最後，由於期限接連而至、我們本身欠缺熱忱，再加上工作與生活嚴重失衡，這一切為我們帶來巨大的影響。我們感覺憤世嫉俗又情感枯竭、焦慮又易怒。如果不去理會，精疲力盡的情況可能導致憂鬱、自我孤立和藥物濫用。

這個問題也可能發生在家裡，而且變得越來越普遍，因為有越來越多人在家從事遠距工作。人力資源網站Monster在二〇二〇年進行民調，發現有百分之六十九的遠距工作者在家工作時出現精疲力盡的症狀。[1]

不意外地，精疲力盡和心流之間呈現負相關。如果出現前者的問題，幾乎就不可能經歷後者。這一點不僅很直覺，也有科學研究證實。一篇二〇二一年發表、針對十八份實證研究的回顧型論文發現，常見的精疲力盡症狀（疲累、憤世嫉俗和缺乏熱忱等）會阻礙心流。[3]

幸好，如果有精疲力盡的狀況，我們可以採取行動管理和克服它。這裡列出幾個簡單的步驟，在這方面應該很有幫助：

- 跟家人、朋友和同事聯繫。社交互動可以減輕壓力，但是請避開負面的人。

- 重新思索你看待精疲力盡源頭的方式。舉例來說，如果你是一位老師，別把焦點放在跟行政人員交涉的挫折感，而是聚焦在如何幫助自己的學生；如果你正在念大學，把焦點放在你念大學的理由，而非課業有多重；如果你是一名公司員工，別把焦點放在上班日有多沉悶，而是聚焦在你對企畫所做出的貢獻。
- 設立界線，更常拒絕他人。
- 定時休息。你可能很想不停歇地工作，尤其在期限逼近的時候，但是花幾分鐘替自己充電，可以防止壓力累積。
- 認真看待自我照顧這件事，要有充足的睡眠、維持健康的飲食，還要運動，就算一天只運動幾分鐘也好。

精疲力盡是很嚴重的事情，不只因為這會妨礙我們進入心流，更是因為這會對生活品質帶來嚴重影響。當我們採取有目的性的步驟來管理或避免精疲力盡的情況發生，便能保護心靈、情感，甚至身體的健康，這會讓隨心所欲實現心流變得容易許多。

不夠清楚明白

清楚明白很難做到，像是清楚明白地知道我們的目的、目標、優先順序和意圖。當我們明確知道自己為了什麼奮鬥，人生就感覺比較容易。我們的行動和決定是經過深思熟慮的，因為這些都受到明確的宗旨驅使。例如，登山者想到達他們正在攀爬的山峰頂端，這清楚明白的感覺會驅使他們，令他們專注，幫助他們進入心流狀態。

當我們不清楚自己的目的、目標和優先順序是什麼，便會感到迷失和漫無目的。我們開始懷疑自己的動機，質疑自己的行動和決定。不夠清楚明白，會讓人難以做出有自信的行動和決定。在這種心理狀態下，心流是不可能發生的。

很多東西都有可能擾亂我們的清晰感，例如，跟親朋好友發生衝突、太過執著於同事的期望以及睡眠不足造成的勞累等，都可能混淆我們的思緒，豎起心理屏障。

那麼，我們可以怎麼獲得清晰感？我們該如何清楚明白地知道自己的目的、目標和優先順序？以下這些訣竅可以幫忙：

- 明確寫下你在短期內想達成的事情，例如「**下次考試我想考滿分**」、「**這次運動賽事我想打破自己的紀錄**」或「**我想在月底前寫完小說**」。
- 說出你為什麼想達成這個目標，你的理由越單純，就越清楚自己需要採取什麼行動。
- 想想你要如何衡量自己是否成功，方法越簡單越好。下次考試的分數便是一個例子，你馬上就會知道你是否達成目標。
- 推斷最糟的情況，這幾乎可以肯定沒有你想像中的嚴重。
- 設計備案，想想沒有達成目標的話要怎麼辦。你會花更多時間準備下一次的考試嗎？你會修改體能訓練計畫嗎？你會努力每天寫更多字嗎？

如果我們有條不紊且前後一致地實踐這個程序，就能改正模糊不清的目的、目標和優先順序。這麼一來，我們就能減輕在漫無目標和猶豫不定的狀態下做出行動和決定所帶來的焦慮。反之，我們會因為擁有清晰簡潔的目標而產生平靜、肯定，甚至是堅信的感覺。

我們一旦學會管理這些問題，就更能夠誘發心流。管理它們便可移除最可怕的障礙了，到了這時，只要遵循一套簡單的行動計畫，便能隨心所欲地實現心流。

1 *Monster poll results from work in the time of coronavirus*. (n.d.). https://learnmore.monster.com/poll-results-from-work-in-the-time-of-coronavirus

2 Aust, F., Beneke, T., Peifer, C., & Wekenborg, M. K. (2022b). The Relationship between Flow Experience and Burnout Symptoms: A Systematic Review. *International Journal of Environmental Research and Public Health*, 19(7), 3865. https://doi.org/10.3390/ijerph19073865

第三部分

進入心流的十個步驟

每個人的心流體驗都不一樣，雖然有些心流的特性普遍存在，如擁有強大的專注力、做起事來輕而易舉、擁有控制感等，但是其他特性則因人、因事而異。

例如，很多運動員說，他們進入心流狀態時明顯感受到自己的心跳、呼吸和緊繃的肌肉；學生表示，在心流狀態下唸書時，往往會忘記吃飯、約好的事情或其他承諾；在家工作的人則說自己感到平靜和滿足。

雖然每個人都有不同的心流體驗，我們進入心流的過程卻非常相似。這真的是個好消息，表示我們不必等待自己無法掌控的各個因素完美吻合，也能享受心流，我們可以隨心所欲召喚心流。

這一部分會教你怎麼做。注意：就跟習得任何技能一樣，學會進入心流需要經過練習。為了幫助你，我在這十個步驟的每一步都包含了相對應的簡單練習。我強烈建議你完成這些練習，而且最好是按照自己的步調進行。

我們開始吧。

步驟一：培養並遵循一套進入心流前的預備程序

大部分的人都有日常的做事程序，讓生活擁有架構。很多例行程序都是在白天進行，通常在工作場合或家中。我們早上會做一些儀式性的事項，可幫助自己帶著正向的心態展開新的一天；我們晚上也會做一些儀式，以助自己放鬆並替明天做好準備。

這些例行程序使我們更有效率，幫助我們把事情完成，卻不需要我們計畫每一步行動。例如，我們不用去想睡前刷牙這件事，因為那是我們晚間儀式的一部分。

例行程序還扮演了另一個關鍵角色，對進入心流特別有用。這些程序會提醒大腦有事即將發生，藉此喚起大腦的警覺，要它準備專注在即將發生的事情上。

例如，運動員會在比賽前進行例行的暖身，這個程序會讓大腦知道應該要把注意力放在表現上。同樣地，學生在打開課本前可能會先進行預備唸書的儀式，他們在儀式期間表現出的行為模式，會提醒大腦應該要把注意力集中在即將展開的唸書時段。其他例子包括：

- 畫家可能會先塗鴉十分鐘，再沉浸於作畫之中。
- 廚師可能會先巡視廚房、查看當晚的菜單，再開始做菜。
- 老師可能會先整理教材和用具，再開始一天的授課。

史蒂芬．科特勒[1]說，心流會伴隨專注而來。我們可以運用同樣的策略協助召喚心流。透過一套心流的預備儀式，我們可以暗示大腦採取專心致志的模式。這套儀式一旦變成習慣，就會產生近似巴夫洛夫效應（Pavlovian effect）[2]的效果，促使大腦專注在手邊的任務上。

我們現在就來創造一套心流的預備程序。要記住，你的程序是獨一無二的。

練習一 需時：15分鐘

首先，寫下過去曾幫助你專注的活動。你可能進行過調息練習，或者發現做瑜伽很有效；有些人則發現散步可以發揮作用。這些是你在開始做事**之前**會做的事。以下列出更多喚起你記憶的活動例子：

- 進行某種類型的解謎（字謎、找字遊戲、邏輯問題、數獨等）
- 聆聽某種類型的音樂（如旋律優美的爵士樂）
- 使用字卡進行記憶練習
- 閱讀長篇文章並做筆記
- 坐著不動，專注在單一事物上（如播客節目）

第二，寫下能幫助你專注的環境誘發因子。有些人發現，獨自待在沒有窗戶的小房間裡做事會比較容易專心。反之，有些人發現在有背景音的喧鬧環境（如咖啡廳或忙碌的辦公室）做事，才能發揮這個效果。以下列出其他幾種人們覺得很有幫助的誘發因子：

- 時鐘的滴答聲
- 風扇的運轉聲（我自己會使用這個）
- 特定類型的音樂（如莫札特的鋼琴奏鳴曲）
- 低聲的交談聲

● 極簡主義的工作空間
● 明亮的光線
● 寬闊的空間（寬敞感）

第三，把你寫下的東西當作基礎，創造一套心流的預備程序。注意，這可能需要經過一些實驗。你可能需要測試好幾種程序，才能發現最適合你的那一種。慢慢來，好好享受這項練習。

1《超人的崛起》的作者，前文曾經提及。

2 編案：即「古典制約」（classical conditioning）。最著名的實驗為使用搖鈴訓練狗，在給予食物前先搖鈴，久而久之狗便會在聽到鈴聲時便分泌唾液，而非在看到食物時。

步驟二：找出精力巔峰時段

我們知道進入心流之前得先專注，但是專注是需要精力的，感覺睏倦時，專注很困難，尤其是長時間的話。基於這個原因，我們必須找出精力最巔峰的時段，這會幫助我們選擇一天當中最適合進入心流的時間。

人體擁有一個內在時鐘，這個時鐘掌管了三種生物節律。你可能很熟悉晝夜節律的概念，這是以二十四小時為一周期的循環，受到日照調節，透過許多方式影響我們的身體。睡醒周期（sleep-wake cycle）就是一個例子，日照消失是告訴我們該睡覺的提示，日照出現則是提示我們該醒來了。

第二種生物節律是長日節律（infradian rhythm），持續時間超過二十四小時，根據不同的節律，其周期可能長達數星期、數個月，甚至更久。經期和孕期是最常見的例子。

我們在這裡最感興趣的是第三種生物節律——短日節律（ultradian rhythm）。短日節律的周期比二十四小時短，根據不同的節律，其周期可能是數小時或甚至數分鐘、數秒鐘。心率、食欲和各種激素（如皮質醇）的釋放都是短日節律的例子。

短日節律是跟生產力關係最密切的生物節律，也對我們一整天的精力充沛程度具有最重大的影響。一旦找出特定的短日節律，就能判斷最適合誘發心流的時間點。

我們需要檢視的其中一種短日節律是基礎作息周期。

基礎作息周期的運作原理

生理學家納瑟尼爾．克萊特曼（Nathaniel Kleitman）在一九五〇年代提出這個概念，認為基礎作息周期大約持續九十分鐘。在周期的前半段，我們會感覺清醒警覺，這時候很容易專注。然而，到了周期的最後二十分鐘，我們會經歷疲倦期，變得難以專注。

精力的起伏通常是來自基礎作息周期。注意，這個周期發生的時間和長度每個人都不一樣（你的可能持續八十分鐘，別人卻持續一百二十分鐘）。

另外一個我們需要了解的短日節律是REM-NREM睡眠周期。這個周期持續的時間約為九十分鐘，對於我們什麼時候精力達到巔峰影響較小。然而，由於睡眠可以使我們恢復精力，因此認識這個周期的運作方式也很重要。

睡眠的入門介紹

每一個睡眠周期都會經過四個階段。前三個階段稱作NREM睡眠，也就是非快速動眼睡眠（non-rapid eye movement sleep），分別取名為N1、N2和N3階段。最後一個階段稱作REM睡眠，亦即快速動眼睡眠（rapid eye movement sleep）。

在N1階段，大腦運轉會放慢，身體試著釋放壓力，整個過程持續約最多七分鐘；在N2階段，我們的心率和呼吸會變慢，肌肉也會放鬆，整個過程持續十到二十五分鐘；N3階段是深沉睡眠階段，我們此時終於完全放鬆，整個過程持續二十到四十分鐘。假如你曾經醒來後感覺不知身在何處，你很可能原本是處於N3階段。

在REM-NREM睡眠周期的最後一個階段——REM睡眠階段，大腦變得活躍起來。這個階段持續十到六十分鐘，是我們出現豐富詳細夢境的時候。REM睡眠跟記憶和創意有關，專家也認為它能幫助我們處理情緒。

如果我們沒有得到充足的REM睡眠，醒著的時候會比較難專注。我們會感到疲累、容易分心，也會無法清楚思考。這讓我們極難長時間維持心流。

為了判定精力巔峰的時段，我們需要做兩件事：

一、找出基礎作息周期。

二、學習順應 REM-NREM 睡眠周期。

下面的練習分成兩部分，可以做到這兩者。

練習二

第一部分：監測基礎作息周期

需時：6小時

拿出一支筆和一張紙，我們要記錄你的身體在接連三個工作時段出現的反應，請盡量在沒有令人分心事物的空間裡進行這項練習。此外，請試著在前一晚獲得充分的安穩睡眠。最後，吃點東西，這樣才不會因為飢餓而分心。

我們先假定基礎作息周期的基準線是九十分鐘。

記下第一個工作時段開始的時間。工作時，一邊留意你的清醒和專注程度。起初，兩者都會很高漲，但到了某個時候，它們會開始減弱。我們的目標是了解這件事發生時經過了多少時間，記下你開始感覺難以專心的時間。

休息三十分鐘。你所記錄的時間是新的基準線，但是我們要再進行兩個工作時段才能確定。記下第二個工作時段開始的時間。再次留意身體和頭腦給你的暗示，當你開始無法專注，便把時間記錄下來。

再休息三十分鐘。

再進行整個流程最後一次。記下你開始工作的時間，觀察你的注意力何時開始下降，把時間寫下來。

你現在應該已經合理掌握自己的基礎作息周期了。

第二部分：REM-NREM睡眠周期 需時：3天

我們不會監測你的睡眠周期，而是假定它依循自然的四階段模式：N1、N2、N3和最後的REM睡眠。我們的目標是要培養**支持**這個周期的習慣，我們會實驗一些曾經幫助他人睡得更好的做法，然後看看這些是否也對你有幫助。

很多事物都可能干擾我們的自然睡眠周期，所以第一步是要移除或至少減少這些因子。為了進行這項練習，請不要在睡前做以下這些事：

- 攝取咖啡因（六小時前）
- 攝取酒精（四小時前）
- 抽菸（三小時前）
- 吃東西（三小時前）
- 喝東西（三小時前）
- 使用電子裝置（三十分鐘前）

醒來後，進行你平常早上會做的例行事項，讓大腦有時間適應清醒的狀態。接著，記錄你的感受，你感覺休息充足、十分清醒嗎？還是感覺疲累昏沉？

你的睡眠很可能已有所改善。當你消除最常見的睡眠干擾因子後，你的身體便能一整晚反覆經歷自然的REM-NREM睡眠周期。

接下來，讓我們實驗一些可協助你獲得良好睡眠品質的因子。針對這部分的練習，請試試以下這些事：

- 把房間變得安靜黑暗
- 把溫度變得舒服適宜（調整房間溫度和寢具）
- 每天晚上都在同一時間就寢
- 如果有睡午覺，不要睡超過三十分鐘
- 醒著的時候找時間運動
- 建立睡前例行事項（閱讀、泡澡、聆聽令人放鬆的音樂等）

跟之前一樣，醒來後進行平常早上會做的例行事項。接著，記錄你的感受，你是感覺休息充足且十分清醒，還是疲累昏沉？

很多人無法享受優質的睡眠，卻不採取行動改善。這個部分的練習會幫助你晚上睡得更好，進而幫助你在白天經歷不打折扣的基礎作息周期，最終找出你的精力巔峰時段。

步驟三：打造不會令人分心的環境

當我們分心時，心流是不可能出現的。如果我們的注意力分散了，就沒辦法完全沉浸在一項活動中。

我們一旦進入心流狀態，便能不受干擾地做事。大腦因為高度投入在當前進行的活動，令人分心的事物便無法搶奪我們的注意力，就好像我們對那些東西免疫。

可是，要進入到那樣的狀態又是另一回事。我們需要打造一個不會令人分心的環境，因此，我們得主動減少令人分心的事物，不讓它們破壞我們進入心流的努力。

在第一部分談到，令人分心的東西有兩種形式：內在和外在。這邊我們會把焦點放在如何消除後者。你或許會覺得自己無力影響周遭環境，但事實上，我們可以採取簡單的步驟過濾掉環境中大部分、甚至全部令人分心的事物。當我們成功做到這件事，就能獲得清澈的心智，進而進入心流。

把令人分心的事物拒於門外的七個方法

令人分心的外在事物有些是我們自身的情況特有的。例如，有年幼子女的父母會經歷的干擾不太可能影響到沒有小孩的人（至少程度不同）；管理階級所遭遇的令人分心的事物，不太可能影響他們的下屬。

令人分心的外在事物有些則比較普遍，無論我們的處境為何都會受到影響。背景交談聲、愛多管閒事的同事和家人、吵雜的施工聲、網路和手機等都是這類例子。光線不足、坐起來不舒服的椅子、雜亂的工作空間，也可能使我們分心。

當這些事物不斷試圖轉移我們的注意力，專注並不容易，要享受真正的心流更難。不過我們可以做幾件簡單的事來過濾掉大部分的干擾，如果你一直都有容易分心的困擾，可以試試這七個訣竅：

一、開啟手機的勿擾模式

二、戴耳機（這可以防止剛好路過的人想找你聊天，並降低鄰近的噪音）

三、如果有門可關，就把它關起來
四、關掉電子信箱
五、使用應用程式封鎖你的網路（Freedom是個不錯的選擇，適用於各種平臺）
六、可以的話，在孤立的地方工作（如會議室、家裡的書房等）
七、事先告知他人你在什麼時段需要不受打擾地工作

這七個訣竅可以發揮很大的功效，減少大部分令人分心的外在事物，甚至完全消除其中的一部分。

我們一旦知道自己面臨什麼阻礙，就能努力清除。當然，每個人的情況都是獨一無二的，所以現在就讓我們進行一項快速的練習，找出對你注意力造成最大威脅的干擾。

練習二 需時：15分鐘

想像你在做一項對你來說很重要、在家裡做的活動，或許是練吉他、寫小說、學習新語言、準備考試，或研究你有興趣的主題。

現在，想想有哪些事物通常會使你在家中分心，把它們全部寫下來。以下是家中常見的令人分心事物清單：

- 電視
- 手機
- 家人
- 室友
- 網路
- 家事
- 吵雜的鄰居
- 訪客

根據這些東西對你的影響，替它們打一到五分的分數（一分表示影響很大，五分表示影響很小）。例如，手機可能大大威脅你的專注力，電視則完全不會造成威脅。

現在針對你的工作空間完成相同的流程（假設你不是在家工作的話）。想像你在辦公室工作，有什麼東西常常使你分心？一樣把它們寫下來，以下這份清單可以幫你起個頭：

- 吵雜的同事
- 電子郵件
- 電話
- 每次經過就想聊天的同事
- 八卦消息
- 辦公室政治
- 對於期限的焦慮感

就像你替居家中令人分心的事物打分數那樣，請為每一項打一到五分。例如，你可能會發現電子郵件是你試著工作時最大的阻礙，但是工作場所的八卦消息卻從來不會使你分心。

我們常常在工作時分心，卻不知絆住我們的東西究竟是什麼。這項練習的目標是要明確找出最有可能妨礙我們享受心流的事物，找到之後，就可以更警惕地避開它們。

步驟四：定義清楚的目標

擁有一個不太複雜、容易理解的目標是實現心流的關鍵。當我們知道自己在朝著什麼目標前進，行動起來就會充滿目的。這個目標會驅使我們的行為決策，幫助我們專注、排出優先順序，並迫使我們行動時帶著明確的意圖。

這一切聽起來好像顯而易見，但是我們其實常常在沒有明確目標的情況下工作、行動和思考。工作時，我們受到一個接著一個的期限、上司的壓力和同事窺探的眼神所驅使；在家中，我們匆匆忙忙地做家事，努力追趕永無止境（並不斷增長）的待辦清單事項。

我們確實很忙，感覺自己充滿生產力和目的性。然而，我們從未經歷心流，體驗忘了時間、完全沉浸在所做的活動中的感覺。反之，我們最後只覺得精疲力盡。更糟的是，儘管很努力了，我們還是時常感覺自己沒有做出重大進展，就像在輪子上不斷奔跑的老鼠。

在真正享受心流之前，一定要擁有清楚的目標。我們必須確定自己想要得到什麼結果——我們在朝什麼地方前進？我們希望在努力後達成什麼？一旦有了這樣的清晰感，便會比較容易確實地進入心流。

定義清楚明白的目標

第一步是找出什麼東西使我們有動力，說可能比做容易，特別是假如我們從不曾坦率思考這件事的話。

有些人的動力是恐懼感，他們做出某些行動，是為了避免不好的結果；有些人的動力是某種獎勵，像是升遷、加薪或是同事和親友的欽慕；有些人的動力是想要達到某些成就，例如一名學生可能想要成為他那一屆的畢業生代表，銷售人員可能想要打破公司的銷售紀錄。

第二，我們必須思考自己想要實現的結果——我們希望達成什麼？這時，依循SMART目標的五個元素會很有幫助，即明確（Specific）、可衡量（Measurable）、可達成（Attainable）、相關（Relevant）且有時限（Time-Bound）。透過這五個特性來定義我們的目標，會賦予我們清晰感、方向和架構，使我們做出有目的性的行動。

完成這兩個步驟可幫助我們甩掉令我們難以專注的茫然、含糊，我們的腦袋比較不會神遊，令人分心的事物對我們的影響也會比較小。最終，定義我們的目標可以替我們清出一條通往心流的道路。

練習四

需時：20分鐘

這項練習包含了一系列的問題，你的回答可以協助制定符合SMART五大標準的目標。這項簡單的活動會產出清楚明白的宗旨。

第一，你想達成什麼？

回答得越精確越好。如果你正在準備考試，你可能會回答：「我想要考滿分。」如果你要參加體育競賽，你可能會回答：「我想要拿第一。」如果你要用鋼琴作曲，你可能會回答：「我想完成前兩個小節。」

第二，你要如何判定自己達成了目標？

我們需要使用數字作答，因為這是衡量進度和成敗最好的方式。假設你想在三個月內寫完九萬字的小說，你可能會把目標設定成每天寫一千字。假設你想學習一種新語言，你可能會把目標放在學會十個對話片語。

第三，你是否具備在自己設定的時限內實現目標所需的技能或知識？

假如你才剛開始學鋼琴，就別想要在一天結束之前就學會彈奏像貝多芬的《第29號鋼琴奏鳴曲》這種連經驗老到的鋼琴家都很難彈奏的曲子。假如你還在學代數，就別想要在高階微積分測驗中拿滿分。

第四，這個目標對你有什麼意義？

清楚的目標和某種形式的內在動機（我們會在步驟五詳細探討這個概念）是心流的必要條件。例如，寫小說對你來說很重要，因為你可以做一件大部分的人都認為很了不起的事；在困難的考試中拿滿分對你來說很重要，因為這會讓家人替你感到自豪；學習某種新語言對你來說很重要，因為這可以讓你跟某位朋友或家族成員溝通得更順暢。

第五，你的時間表是什麼？

設定起訖時間大有幫助，原因有二：這可以幫助你監測進度、評估成敗；也可以幫助你保持專注。請注意，這裡講的不是心流持續的時間。在心流狀態下，時間的流逝並不重要，這裡指的是替你想要達成的目標設定期限。

期限會使你持續產生輕微的急迫感，如果你在寫小說，你的目標可能是在八月底之前完成第一份草稿；如果你在學古典鋼琴，你可能會希望在一週結束前流暢彈奏出貝多芬的《G大調小奏鳴曲》。

一旦確立清楚的目標，便會發現進入心流容易多了。你的心不會因為不確定感而煩擾。反之，你的注意力可以完全投入手邊的活動。

步驟五：確立內在動機

我們會覺得必須採取行動，原因有很多，有些原因對我們有益，有些則是有害的；有些原因很健康，有些則不那麼健康；有些可以協助我們進入心流，有些則會妨礙心流。

有時，我們是因為必要所以採取行動。例如，我們待在這份工作是為了養家活口、繳納帳單；超時工作，是為了在緊迫的時限內完成事項。

有時，我們是為了追求外在獎勵而行動。例如，我們參加體育賽事，是為了贏得獎盃；幫助他人，是為了讓他們感激我們；開創副業，是為了賺取額外的收入。

有時，我們是受到內在因子驅使，得到的獎勵源自我們的內心。例如，我們看書是因為這令人放鬆、做志工是因為這讓我們有成就感、運動是因為注重健康。

儘管這三種動機都能促使我們行動，但只有最後一種能幫我們進入心流。唯有當我們找出自己做一件事的內在動機，才會經歷心流，這是必要條件。

何謂內在動機

說明內在動機最好的方式，就是拿它跟**外在**動機相比。後者遵循一套獎勵機制，會迫使我們根據預期結果來行動。

例如，我們每天去工作是為了賺錢（或者避免被炒魷魚）；完成學校的報告，是為了拿到好成績；幫助熟人是為了得到對方的讚美與感激。

外在動機沒有不好，也沒有錯，有時可以非常有效地促使我們做出有目標的行動，尤其當我們需要做一些枯燥、困難或不便的事情時。可是，這無法幫助我們進入心流。要進入心流，就需要**內在**動機。

內在動機源自我們的內心，我們是因為自己渴望做一件事，所以才非得行動不可。我們做一件事不是為了尋求外在獎勵（如金錢、他人的讚美和感恩、好成績等），而是因為這件事本身就是獎勵。

比方說，每天去上班，是因為我們熱愛自己的工作；幫助熟人，是因為這麼做使我們有成就感；完成學校的報告，是因為我們對這個科目真的很有興趣。

受到內在動機驅使時，我們更能夠投入手邊的事情。[1] 採取行動變得更容易，因為我們在做跟興趣相符的事情。由於我們極度專注、完全投入，便更能經歷心流。

內在動機的三大支柱

研究證實，內在動機需要三個條件：自主（autonomy）、能幹（competence）和相關（relatedness）。[2] 這些心理需求必須先得到滿足，我們才能真正感受到行動的動力。

自主的意思是，需要感覺自己有選擇權。我們必須覺得自己擁有不同的選擇，並能控制要選擇什麼。例如，我們希望自己能夠選擇是否幫助熟人，而不是被迫這麼做。

能幹指的是，感覺自己可以創造想要的結果。我們必須感覺自己擁有達成這個結果所需的技能與知識。例如，要感覺自己有內在動力去完成學校報告，我們一定要有信心自己對這個科目了解夠深，才能成功做到這件事。

相關指的是我們與他人之間的連結。我們的本質是社交動物，就連內向的人也是。我們渴望社交互動、依靠社交互動發光發熱，並想要得到歸屬感。例如，我們加入健身房的課程，會感覺跟其他學員有所連結；跟其他吉他手一起玩吉他（也就是「即興合奏」），是因為對他們的音樂才能感同身受；參加志工團體，是因為知道其他志工也受到同樣的目標驅使。

這三個心理需求得到滿足之後，我們會感覺充滿啟發和活力。我們採取行動，是因為這麼做能使內心感到滿足。內在動機跟這個章節其他步驟的元素結合在一起，可以將我們推進心流狀態之中。[3]

練習五

需時：10分鐘

這項練習會檢視你進行某項活動的動機，我們來看看這些動機能否促成心流。

第一步，選一項活動。它可以跟你的工作有關，或者是你在空閒時間喜歡做的事，完全由你決定（睡午覺不算）。

第二步，問自己你做這項活動是為了外在獎勵，還是因為活動本身就令你感到滿足。或許兩者皆是。

第三步，思考你能否選擇進行這項活動的方式。你擁有自主感嗎？

第四步，問自己你是否擁有完成目標所需要的必備技能與知識。做這項活動時你感覺自己很能幹嗎？

第五步，思索這項活動能否把你跟他人連結在一起。你不見得要跟做同一件事的人密切合作才感覺跟他們有連結，只要知道別人認為你做的事情很有價值，這就足夠了。

完成這項簡短的練習後，你便會知道你的動機是不是源自內在。如果是，那麼你距離隨心所欲進入心流又更靠近了一步。

---

1 Bonaiuto, M., Mao, Y., Roberts, S. A., Psalti, A., Ariccio, S., Cancellieri, U. G., & Csikszentmihalyi, M. (2016). Optimal Experience and Personal Growth: Flow and the Consolidation of Place Identity. *Frontiers in Psychology*, 7. https://doi.org/10.3389/fpsyg.2016.01654

2 Ryan, R. M., & Deci, E. L. (2000). Self-determination theory and the facilitation of intrinsic motivation, social development, and wellbeing. *American Psychologist*, 55(1), 68–78. https://doi.org/10.1037/0003-066x.55.1.68

3 近年來發表了越來越多科學研究，都在檢視神經科學和心流領域的內在動機層面。其中一個例子（而且讀起來很精彩）是：

Di Domenico, S. I., & Ryan, R. M. (2017). The Emerging Neuroscience of Intrinsic Motivation: A New Frontier in Self-Determination Research. *Frontiers in Human Neuroscience*, 11. https://doi.org/10.3389/fnhum.2017.00145

步驟六：做到單工處理

大部分的人都會多工處理，儘管他們知道這麼做會降低生產力。[1]我們這麼做的原因有很多，並根據不同的情況而改變。

有時是因為無聊。我們對要完成的任務不感興趣，因此同時做別的事情好讓自己分心。

有時是因為沒有耐心。如果某件事進展得太慢，我們便會在「停滯時期」處理其他事務（像是趁同事在會議上發表想法時檢查電子信箱）。

有時，我們騙自己多工處理可以完成更多事。這大概是多工處理最糟的理由了，因為這是一種幻覺（除非你是能夠有效做到多工處理的那百分之二的人）。[2]

我們在〈心流的大敵〉一章討論過多工處理，提到了切換成本的問題，也就是大腦每次在不同的任務之間轉移注意力時，都得付出的龐大代價。這邊就不再重複說明，只說一句話就夠了，那就是多工處理或任務切換會打斷心流，甚至可能阻止我們進入心流。

因此，我們需要努力做到單工處理。如果想誘發（並維持）心流狀態，一定要抵抗同時進行多項任務和活動的衝動。這說比做容易，尤其是我們已經太過習慣多工處理、到了上癮的地步的話。[3]

重新訓練大腦進行單工處理

在「心流的大敵」這個章節，我提出幾個管束內在的多工處理者的訣竅。有些人會發現那些訣竅已經足夠，假如你是這種人，可以跳過這個小節，直接進行下面的練習六。

有些人需要重新訓練自己進行單工處理，他們需要解除多年來迫使自己慣性多工處理的設定。我建議他們——或許你也在內——遵循以下的做法。

第一，在日常中實行時間區塊化（time chunking），練習在短短的時間區塊內（如五分鐘）進行單工處理。等到你的專注力改善了，便增加時間區塊的長度，例如十分鐘。接著，十五分鐘。再來，二十分鐘。慢慢練習，你最終會有辦法把一天分成幾個大的時間區塊，並且有信心自己可以隨心所欲進行單工處理。

第二，把休息時間排進正式行事曆的一部分。在休息時間，不要工作，讓心思四處遊蕩。這不是看手機或訊息的時機，也不是檢查電子信箱的時候。你可以去散步，到外面看看人。假如你在室內工作，可以到室外呼吸新鮮空氣。這可以清空思緒，讓你準備進行下一個時間區塊。

根據前一個時間區塊的長度來設定休息時間的長度。例如，完成二十分鐘的時間區塊後，休息五分鐘；完成一小時的時間區塊後，休息二十分鐘。

第三，養成完成一件事情後再去做其他事情的習慣。如果無法在排好的時間區塊內完成任務，就在休息之後重新回到這件事上。把它完成，再去做其他事。

沒錯，這並非總是辦得到。例如，你可能需要他人先做好某件事，才能完成一個任務。如果你被迫等待，就先去做別的事，不要讓時間白白從指間流走。為新的任務安排一個時間區塊，就算區塊結束前便收到對方的回音，還是要先把新的任務完成。

這三個步驟可以幫助你戒掉多工處理的習慣。但是要注意，重新訓練大腦需要時間，你可能需要訓練好幾個星期、甚至好幾個月，就看你的多工處理習慣有多根深柢固。然而，投資這些時間所帶來的報酬絕對是值得的，你不僅會更有生產力，還距離獲得隨心所欲進入心流的能力更近一步。

練習六

需時：15到60分鐘

這項練習十分簡易，你需要紙和筆。

首先，寫下標題：令人分心的事物。記下在排好的時間區塊內可能使你分心的所有事物（提示：你可以參考練習三的筆記，快速完成這個部分）。

再來，寫下另一個標題：單一任務。寫下你需要專心且不需要別人就能完成的任務和活動。

以下這幾個點子可以幫你起個頭：

- 完成跟工作有關的特定報告
- 準備考試
- 藝術創作（像是繪畫、雕塑、寫書等）
- 健身
- 為運動賽事進行訓練
- 學習新語言

第三，從「單一任務」清單中挑一個項目。找一個地方進行這項活動，接著檢視「令人分心的事物」清單，盡你所能加以降低或消除（例如把手機關掉）。

最後，開始計時，從事你所挑選的活動，在思緒沒有被拉到其他地方的情況下進行得越久越好。思緒一飄走，便停止計時，中間經過的時間長度是你的基準線。在重新訓練大腦進行單工處理時，這就是你要超越的時間。

不要因為基準線很短而感到喪氣，你的目標是不斷改進，而不是馬上成功。如果規律進行這項練習，你會發現自己專注和單工處理的時間區塊會越來越長。單工處理的能力變強後，想要隨心所欲進入心流也變得比較容易。

---

1 Uncapher, M. R., Thieu, M. K., & Wagner, A. J. (2016). Media multitasking and memory: Differences in working memory and longterm memory. *Psychonomic Bulletin & Review*, 23(2), 483–490. https://doi.org/10.3758/s13423-015-0907-3

2 Watson, J., & Strayer, D. L. (2010). Supertaskers: Profiles in extraordinary multitasking ability. *Psychonomic Bulletin & Review*, 17(4), 479–485. https://doi.org/10.3758/pbr.17.4.479

3 神經科學家丹尼爾·列維廷（Daniel Levitin）在他的著作《大腦超載時代的思考學》（*The Organized Mind*）中寫到：「一心多用也會產生多巴胺（成癮的反饋迴路），有效地獎勵大腦注意力不集中並不斷尋找外部刺激。」

步驟七：選擇具挑戰性（但是做得到）的事情

我們需要在一項活動的難易度和我們對這項活動所具備的技能或知識之間取得平衡，才能達成心流。假如這項活動對我們來說太簡單，就會感到無趣，我們的心思會飄蕩，要專注就很難。另一方面，假如這項活動對我們來說太過有挑戰，則會感覺挫折、沮喪和難以招架。

例如，想像你的工作跟資料輸入有關。如果你曾經進行這項活動一段時間，你會發現這件事很難讓人完全投入，你的工作甚至只需要靠肌肉記憶就能完成。因此，你的注意力很有可能飄移到其他事務上。這種狀態並不支持心流，要進入心流會很困難，要維持這種狀態更是不可能。

反之，想像你正在學鋼琴。你是初學者，卻想挑戰蕭邦的〈練習曲作品10之4〉這首難度出了名的曲子。你決心要在這個星期結束前把它彈得完美無瑕，但除非你是神童，否則這項任務和你自己設定的期限挑戰性太高，使你最後感到挫折喪氣。就跟資料輸入的工作一樣，這種狀態無法實現心流。

因此，如果我們希望進入心流，這項活動一定要達到平衡，絕不能太容易或太困難。根據我們的專長和認識，它必須帶來挑戰，但還是可以做得到。

告訴你一個訣竅：我們不必依循活動原本的樣子。我們可以調整這件事的挑戰與自身能力比例，以便更容易支持心流。如果一項活動沒有在難易度和我們的能力之間取得恰當的平衡，我們可以加以修正，變得比較適合我們。

將活動調整成正確的平衡

先從太簡單的活動開始說起。太簡單的活動可以變得複雜一些、太困難的活動可以變得容易一些，有一個簡單的方法可以做到這兩件事。

要將太簡單的任務和活動變得更有挑戰性、不那麼枯燥，最簡易的方式就是把它遊戲化。這個意思是，我們要把手上的任務變成一種遊戲，或至少運用一種以上的遊戲元素，像是得分、限時或其他遊戲規則。

假設你的工作是資料輸入，你可以把它遊戲化，嘗試在一定的時間內盡可能輸入越多資料越好（像是七分鐘內輸入二十五個條目）。如果你能輕易達成這個目標，就改變目標（像是七分鐘內輸入三十個條目或六分鐘內輸入二十五個條目）。

幾乎任何活動都能用這種方式遊戲化。無論你是以運動員的身分進行訓練、練習鋼琴或準備考試，運用遊戲的元素都會讓枯燥乏味的事情變得更有挑戰性，也更令人投入。

修正太困難的活動則需要不同的方法，但跟修正太簡單的活動一樣容易。

要將太**困難**的任務和活動變得簡單一點，最簡易的方式就是把它分解成較小的組成單位。大部分的複雜任務都是由困難的部分和簡單的部分組成的，只要將這些部分獨立出來，你就可以著手處理跟自己的心情和精力相符的部分。

例如，假設你正在寫一本書，需要進行大量研究，不過這本書的某些章節比其他章節好寫。只要找出難寫和好寫的部分分別是哪些，你就可以根據自己的心情和精力來決定要寫哪些部分。

注意，假如一項活動比較容易的部分不夠具有挑戰性、無法使你投入，你可能會需要把它遊戲化。

練習七

需時：20分鐘

這項練習分成兩個部分。第一，我們會修正一項太簡單的活動，把它變得更有挑戰性、不那麼枯燥；第二，我們會修正一項太困難的活動，把它變得更容易、不那麼令人挫敗。

第一部分：選擇一項活動，這件事你想在心流狀態下進行，卻發現它太簡單或單調，難以使你投入。這可能是唸書、練習鋼琴音階或資料輸入的工作。

現在，寫下將這項活動遊戲化的三種方法。你可以設置得分系統、時間限制或者達成預定的里程碑後可以得到的好玩獎勵。

下次進行這項活動時，試試這三種遊戲化方法，留下使你更能投入這項活動的方法，放棄無法使你更投入的方法。

第二部分：選擇一項活動或計畫，這件事你想在心流狀態下進行，卻發現它太困難或太複雜。這可能是學校的大型科展作品、工作用的複雜簡報，或是在空閒時間想要建置的大型網站。

將這項活動拆分成不同的子任務，例如，建置網站可能需要做功課、創造內容、設計動線和版面、建立品牌等許多任務，寫下一份包含所有子任務的清單。

準備進行這項計畫時，把焦點放在其中一個子任務就好。

步驟八：充分休息後，保持放鬆和清醒

當我們感到精疲力盡或焦慮（或更糟的情況——兩者皆是）時，很難經歷心流。我們會難以專心，容易受到令人分心的事物影響。我們的耐心越磨越少，也變得易怒、容易感到挫折。就算在做一件通常能使我們感到滿足的事情，也無法好好享受。

我們需要休息。

說到休息，通常會想到睡眠，但這兩者其實不是同一件事，睡眠只是其中一個層面。當然，要感到充分休息，一定要有好的睡眠品質，可是很多人即使常常睡得安穩，每一天還是會感到疲憊緊繃，這當中還有其他層面。

事實上，我們需要得到好幾種類型的休息，方能發揮高水準的表現。我們必須定時獲得所有類型的休息，這樣一來才可以移除可能牽制、打斷或縮短心流狀態的阻礙。

我們需要的七種休息類型

人生有時真的讓人活得很累，我們時常感到完全耗竭，除了體力方面，還有情感方面。我們每天都在趕著完成事情、履行責任、隨時出現在我們在乎的人身邊。

這會走向慢性疲乏和精疲力盡的狀況，如同你所想像的，這無法帶來心流。幸好，我們在下面這些層面獲得適當的休息，就可以避免這個問題。

生理休息——這包括睡眠在內（午睡也算），但是也可以包含拉筋、按摩和深呼吸。任何主動或被動的活動只要能放鬆身體，都是好的。

心理休息——我們有可能感覺生理上獲得休息，心理上卻疲累不堪，這甚至還很常見。我們的專注力降低、記憶力流失，人也變得易怒。我們需要定期讓大腦休息一下，短時間的散步、塗鴉、寫日記或冥想……這些都很有用。

情感休息——所有的人都有情感需求，如果這些需求未被滿足，我們就會感覺孤立、挫折和無力招架。表達自己的想法（也就是拒絕隱藏想法）並且更常拒絕他人，可以使我們避開這樣的結果。

創意休息——我們進行創意思考的頻率比我們以為的還要高，我們會運用創意思考來解決問題、規畫活動、評估風險、決策和溝通。為了避免這個層面有所缺失，我們應該找機會欣賞平常固定行程之外的事物，如大自然和藝術等。

感官休息——我們的感官每天都遭到接連不斷的衝擊，因為手機、電腦以及環境中持續存在的背景噪音，感官超載已是常態。我們需要定期「拔掉插頭」，以避免過度接收刺激。你可以進行數位排毒，[1]或是單純閉上眼睛一陣子。

社交休息——有些人際關係令人心力交瘁，有些則令人活力充沛。前者很快就會使我們的情感（和耐性）承受太大的負荷，後者可以讓我們恢復精力、振奮起來。我們可以花更多時間跟真正喜歡相處的人在一起，避免在社交上感到枯竭。

性靈休息——這源自我們的信仰體系、教條，甚至世界觀，可能包含宗教與敬拜、特定的人生哲學，或是跟他人互相連結，追求比我們自己更龐大的東西。充分休息的感覺會賦予我們目標和靈感；缺乏休息的感覺則會導致憂鬱和絕望。

以上可以看到，休息有很多種形式，大部分的人都忽略了其中的一至多種，因此從未感到真正休息、放鬆和清醒，難怪他們很少、甚至完全不曾經歷心流。

練習八 需時：25分鐘

在這項練習中，我們會腦力激盪幾個簡單的方法，改善你對上述七個層面的感受。

拿出一支筆和一張紙，在最上面寫下上述七種休息的類型，底下各留能寫下幾句話的空間。

現在，一一想出你可以做什麼活動來幫助自己在那個領域感到充分休息，並寫下來。

例如，在「生理休息」的標題下，你可以這麼寫：

- 每天中午十二點半睡午覺二十五分鐘
- 晚上九點半就寢
- 每九十分鐘起身拉拉筋

在「感官休息」的標題下，你可以寫：

- 晚上六點到八點之間關掉手機

● 午餐後再瀏覽社群網站
● 工作時使用降噪耳機

在「社交休息」的標題下，你可以寫：

● 週末不要再跟巴瑞出去
● 每當芭芭拉要我做她的工作，就拒絕她
● 問約翰想不想要每個週一早晨跟我一起吃早餐

這項練習的目的有兩個：第一，我們會注意到自己可能忽視的不同「休息」層面；第二，我們可以想出讓自己在每一個層面感覺更充分休息的方法。在這七個領域越是得到充分的休息，就越不會感到壓力和挫折，也就越容易進入心流。

---

1 數位排毒指的是刻意不使用手機及其他科技產品一段時間。

步驟九：運用心流時間工作法

完成一件事最常遇到的阻礙就是拖延。只要「開始」做一件事，「繼續」做下去並不難，開始才是最難的。

很多人會使用番茄工作法（Pomodoro technique）來抵抗拖延的毛病。這是由法蘭西斯科．西里洛（Francesco Cirillo）所發明的技巧，鼓勵人們在短短的工作區間之後，進行短暫的休息。更明確地說，就是在工作二十五分鐘之後，休息五分鐘，這便組成一個番茄鐘。完成四個番茄鐘之後，休息十五分鐘。

這是有效對抗拖延的技巧，把開始做一件事變得容易。此外，它也能夠協助你專注，並抵抗令人分心的事物。

很多人會使用番茄工作法來誘發心流，因為他們認為只要不開始，就不可能實現心流。然而，這個技巧並不適合這個目的。

別忘了，在心流狀態下，我們的時間感會消失，時間會在不知不覺間流逝。基於這個理由，沒有彈性的番茄工作法跟心流並不相容。計時器在二十五分鐘後響起，很可能會**打斷**心流，而非促成心流。你可以想像一下，當你完全投入在自己做的事情，結果計時器響起，干擾你的專注力，那是什麼感覺。在這個時候休息五分鐘，可能會降低生產力。於是，計時器和番茄鐘就變成一種阻礙，而非幫助。

我們需要另一種方法。這個方法要可以鼓勵我們專注、沉浸和投入，不會限制我們遵循隨隨便便定下的時間限制。

心流時間工作法（Flowtime Technique）就是解決之道。

何謂心流時間工作法

這個方法修正了番茄工作法毫無彈性的本質，不為工作和休息時間設下隨意決定的時間限制，而是允許我們根據當下的專注力和勢頭來做事。這會讓進入和維持心流變得容易。

心流時間工作法要求我們選一項任務或活動來進行。記下開始的時間，接著專注從事這項活動，看看能維持多久的時間。當專注力下降、需要休息的時候，就停止工作，記下停止的時間和整個工作期間的長度。

接著，休息一下，直到感覺自己準備好展開新的工作時間，記下休息結束的時間和長度。這個策略讓我們有更多自由，可以根據當下的專注力和勢頭來工作，並追蹤任何活動。久而久之，就會形成規律的模式，越常運用這個技巧，模式就越明顯。

練習心流時間工作法的時候，你可以用紙筆或電腦記錄所有的數據，列出以下的項目：

- 活動
- 開始時間
- 結束時間
- 長度
- 休息時間

開始一項任務或活動時，寫下你正在進行的事情和時間。當你停止工作時，再次記下時間。計算工作時間持續的長度，然後休息。休息結束後，記錄休息的時間有多長。接著，再重複上面的動作。

我比較喜歡紙筆這種老派的工具，但是這完全取決於你。若是使用試算表，你的紀錄一整天下來可能長這樣：

	A	B	C	D	E
1	**活動**	**開始時間**	**結束時間**	**長度**	**休息時間**
2	練習鋼琴音階			40分鐘	15分鐘
3	完成客戶專案			1小時25分鐘	40分鐘
4	準備證照考試			1小時15分鐘	20分鐘
5	回覆訊息和信件			15分鐘	40分鐘（午餐！）
6	創作獨奏曲目			2小時5分鐘	30分鐘
7	撰寫短篇故事			1小時50分鐘	35分鐘
8	複習和準備			25分鐘	結束時間到了！

心流時間工作法範例

這邊快速補充說明一下：許多人在實踐心流時間工作法的時候，會在紀錄中添加一項干擾事物的欄位，他們會記下每一個工作時間經歷了多少次干擾。

我覺得這個做法用途有限，因為知道干擾的次數沒有辦法告訴我們如何避免干擾。基於這個原因，我傾向另外做一份「干擾紀錄」。當我受到干擾時，我會記錄干擾發生的時間、類型（如電話、突如其來的訪客等）、持續時間以及任何我需要採取的後續行動。這些細節提供了更多資訊，因此更容易讓我們做出行動。

你或許會發現心流時間工作法跟時間區塊法很類似，它們確實是近親，提供了同樣的彈性與自由。

現在該來進行練習了。

練習九

需時：（最少）24小時

在這項練習中，我們會練習運用心流時間工作法。

首先，在紙上或你最喜歡的試算表軟體中創建一個表格，表格的樣子應仿照左圖的欄位。

第二，選一項你想進行的任務或活動，這可能跟你的工作或嗜好有關，甚至是你在休閒時間會做的事（像是看小說），在表格的第一欄簡單描述它。

第三，記下你開始從事這項活動的時間，並持續做這件事，做到你開始無法專注、思緒飄走為止。接著停止做事，並記下時間。

第四，短暫休息一下，休息時間的長度由你決定，重點是要察覺自己在什麼時候準備好展開新的工作時間。準備好結束休息時，記錄你休息了多久。

就這樣過完一整天。如果你從未使用過時間區塊法或心流時間工作法，我建議你每天都加以實行，至少持續一週。接著，檢視你的紀錄，尋找固定模式：

- 你有辦法專注並完全沉浸在某某活動多久，才需要休息？
- 你需要休息多久，才會感到精力恢復，準備展開新的工作時間？
- 針對上述兩個問題，不同的任務和活動有哪些不一樣的地方？（有些活動會比較吃力。）

重複練習心流時間工作法一週或更長的時間之後，你將更加了解你的腦袋是如何準備和進行各種活動，並從中恢復精力。這會為你帶來寶貴洞見，深入認識進入和維持心流的能力。

步驟十：創造回饋循環

「我認為擁有回饋循環是非常重要的，這會使你不斷思考自己做了什麼、可以怎樣做得更好。」

——特斯拉、SpaceX及OpenAI創始人伊隆・馬斯克（Elon Musk）

心流不只有跟專注、沉浸和投入在手邊的任務有關，還需要我們判斷自己是否做出了有效的表現。除了知道自己在做什麼，還需要知道自己做得如何。

在〈奠定基礎〉一章（請參見〈第二部分〉），已經點破擁有正向回饋循環的需求。我們一定要找到方法，監測自己在心流狀態下所做出的表現的一個或多個層面。當我們的行動沒有成效或失敗了，這些反饋會讓我們有機會加以調整。這樣做的好處是，我們會越來越有成就感，因為我們持續朝目標邁進。

回饋會讓內在的批評聲音消失

正向的回饋循環也能鼓勵我們把焦點放在往前進這件事，不執著於自己的錯誤。這會減弱我們內在的批評聲音，讓我們將注意力分配到更有生產力的地方。我們不會想太多或質疑自己的行動，因此也就不容易受到伴隨而來的壓力和挫折感所影響。反之，我們可以理性評估自己的表現，必要時做出合理的調整。

例如，想像你正在進行馬拉松訓練，假如這是你的第一場馬拉松競賽，你會需要訓練好幾個星期，每週慢慢增加里程數。你可以透過距離和速度來建立每週的目標，藉此創造一個回饋循環，然後你便可以監測自己的進展，視情況調整訓練內容。

這麼做會使你內在的批評聲音消失，你不再焦慮自己能否完成馬拉松，而是把焦點放在達成每週的目標。假如成功達到目標，你會因為訓練有所進展而充滿成就感；假如沒有達到目標，則可以調整訓練計畫。

無論如何，你都會感覺更放鬆，有信心自己走在正確的方向。這樣的自信會使你內在的批評聲音消失，讓你自由地完全沉浸在訓練之中。

練習十

需時：15分鐘（第一到第三步）

這項練習很簡單，不需要花什麼時間。可是，不要小看它的用處，如果定期做這項練習，你會更容易進入和維持心流。

第一步，選一項活動。任何活動都可以，像是唸書、健身、烹飪、種花、寫小說、建置網站、為工作製作簡報……

第二步，進行這項活動時，想想怎麼做會讓你有成就感。例如，準備一場重要的考試時，成就感可能跟讀完特定頁數的參考書有關；寫小說時，成就感可能來自你完成的章節數量；建置網站時，成就感可能源於你設計的區塊。把你的想法寫下來。

第三步，根據前一步的筆記創造小型的目標。例如，假設你在寫一本小說，你或許就可以根據速度和字數來設定目標，像是「三十分鐘內寫五百字」。

最後，開始進行這項活動，一邊進行一邊監測進度。你有朝目標前進嗎？有的話，很棒，沒有的話，就進行調整。例如，你或許會發現三十分鐘內寫五百字是不切實際的。這是很寶貴的回饋，你可以把目標調整成「三十分鐘內寫四百字」，繼續寫下去，觀察自己的進度。

這項練習會使內在的批評聲音消失，讓你在少了那些毫無用處（且錯誤）的批評的狀態下好好工作。你可以對接收到的回饋做出正向且有意義的回應，而不是對虛構的失敗情境反應過度。

解開心流之謎：六十秒回顧複習

我在替第三部分收尾時，發現如果我快速複習一下前面提到的概念，或許會對你很有用處。雖然我不想重複說過的內容，但是我也發現前面涵蓋了很多有助你行動的素材，把重點總結一下會很有益。

所以，我們要在六十秒內做這件事，開始計時。

運用例行程序：心流的無名英雄

固定的做事程序不僅可以賦予我們的人生架構，還能提高我們的效率。它會暗示大腦，有事情即將發生。這些程序會幫我們做好準備，讓我們進入正確的思緒框架——這裡指的便是心流。

順應自然節律

我們一整天的精力會根據基礎作息周期而起伏，一旦確立自己的基礎作息周期，便能將進入心流的時間安排在精力巔峰時段。

你的注意力該節食了

深度專注是心流的必要條件，問題是，我們每天都會碰到無數令人分心的事物，試圖毀了我們的專注力。如果可以避開那些事物（如手機、愛閒聊的同事和社群網站等），我們的專注力就能保持「苗條纖瘦」。

帶著明確的目標行動

我們需要清楚的目標，才能告訴自己怎麼做、逼迫自己向前進。這個目標不需要多具有啟發性，只要明確就好。

尋找內在啟發

當我們帶著目標行動，很容易便能誘發心流。這個目標最好從我們的內心尋找，如果受到自己的利益（而非外在的獎勵）所驅使，我們更可能感覺投入，並完全沉浸其中。

放棄多工處理

多工處理是心流的詛咒，會帶來沉重的切換成本、侵蝕注意力。當我們進行單工處理時，會比較容易保持專注並待在心流狀態中。

平衡挑戰／技能的比例

我們手邊的事項不應該太簡單或太困難，而是要帶來挑戰，卻又可以做得到。當我們找到對的平衡，進入心流會更加容易。

善用各種休息類型

睡眠當然很重要，但是要感覺在生理、心理和情感上獲得真正的休息，需要的不只有睡眠。當我們得到各種類型的休息，就更能夠誘發和維持心流。

認識番茄工作法好相處的近親

心流時間工作法比番茄工作法更能讓我們進入心流狀態，它給我們更多自由，使我們可以根據自己的情況（如精力充沛的程度和行事曆等）做事和專心。

評估、調整、向前進

我們需要找個方式監測自己的表現，這是得知自己是否方向正確的唯一辦法。回饋循環可以讓我們知道自己的狀況，協助我們根據自己的進度和目標進行調整。

我們還沒結束

現在，我們有了進入心流所需要的基石。記住，想要隨心所欲進入心流狀態，是需要練習的。但是，我們已經知道其中涉及到什麼，因此可以用自己的步調培養這項技能。

我們還沒結束，後面還有更多內容。在第四部分，我們將會探索心流的特定層面，以便深入了解心流，對心流有更多的覺察能力，這可以幫助我們從中獲得最大的好處。

第四部分

深化對於心流的覺察

知道如何進入心流，是解開這個謎題最關鍵的所在，但還有其他部分也需要考量。熟悉這些概念能讓我們更加認識心流的運作方式，並知道如何充分利用它。

這個部分會談到一些跟心流有關的重要細節，但是超越了如何進入心流的範疇。我們會學到如何看出自己正在心流狀態中，以便主動並充滿自信地迎接它；也會討論不同等級的心流，看看要如何善用不同的心流變化型態；同時會探討一旦進入心流之後，要如何維持這個狀態；最後，我們會檢視心流的「黑暗面」（心流確實也會帶來風險）。

成功進入心流的七個跡象

心流是一種很主觀的經驗，每個人的經歷都不一樣，因此你的經驗也會跟其他人不一樣。話雖如此，還是有一些共通的特點，每當你進入心流時就會觀察得到。

今天有許多工具可以用來評估和測量心流，包括心流傾向量表（Dispositional Flow Scale）、[1]特定情境心流問卷（Situation-Specific Flow Questionnaire），[2]以及活動心流狀態量表（Activity Flow State Scale，AFSS）。[3]這些工具雖然在對照組實驗和觀察性研究中被證實很有效，卻需要花費大量的時間與心力。在我看來，使用它們來判定我們在日常活動中是否達成心流，是很差的投資。

有一個更直觀的方法，秉持著80／20法則，我們可以用這個方法做出不完美但準確度合理的評估——我們只需要知道該尋找哪些跡象。

假如我們從來不曾確定自己是否達成心流，應該尋找下面描述的七個跡象。在我們的一生中，肯定都有個別經歷過這些跡象。然而，假如七個跡象一起出現，那幾乎可以肯定我們進入了心流狀態。

跡象一

行動不需要經過太多思考

當我們做一件事，但缺乏必備的技能或知識時，我們會小心思考自己在做什麼。我們會努力避免處理不當、失敗、得到他人的嘲笑或同情，我們會謹慎地規畫與執行。

反之，當我們進入心流狀態，行動起來會感覺毫不費力。手上的任務依然需要注意力，但是我們因為高度專注覺察、對自己的能力有信心，因此焦慮感很小。

例如，回想你一開始學開車有什麼感覺。那很可能是令人緊張兮兮的經驗，你必須思考每一個動作，包括啟動引擎、打檔倒車、查看後照鏡等等，一個錯誤就可能造成災難。

今天，開車對你來說是個完全不一樣的體驗。多年來坐在方向盤後方，已經使你非常熟練，給你很大的信心。你開車還是需要專注，但是你已經不需要思考每一個動作，這已經變成你的第二天性。

這感覺就像本能。

跡象二

感覺完全掌控

經驗、熟練和自信會產生另一種效果：我們在當下會感覺擁有控制力。我們知道自己在做什麼、知道自己想要達成什麼，也能想像得到成果。我們感覺沒有任何東西受到命運的掌握，因為可能影響結果的每一項因子都在掌控之中。

例如，假設你是個技巧高超的廚師，正在準備一道已經做過數百次的菜餚，你熟悉每一種食材，精確知道某些食材應該烹煮和靜置多久，你可以在腦海中浮現出擺盤的樣子，覺得成品完全在掌控之中。

這種完全掌控的**感覺**其實是假象，因為外在因素有可能會干擾你，像是緊急狀況。可是，這一點很抽象，光是因為自己的經驗、熟練和自信而「感覺到」擁有控制力，就是進入心流狀態的跡象了。

跡象三

從事這項活動令人喜悅

我們在〈步驟五：確立內在動機〉一章討論過，本身就是一種獎勵的活動有多重要。我們覺得這類活動很有趣、令人興奮和滿足。我們做這件事，是因為**享受**做這件事，不是因為感覺受到外在因素的逼迫。

例如，想想你最喜歡的嗜好，那可能是烹飪、閱讀或是跟朋友進行某一項運動。又或者，你喜歡攝影、玩拼圖或彈吉他。無論那是什麼活動，你做這件事情時很可能感受到深沉的滿足感，你感到放鬆、自信、投入，甚至可能發現周遭世界消失了，因為你全神貫注在這項活動之中。

當這個情況發生時，你很有可能已經逼近——或早已進入——心流。

跡象四

覺察力縮小了

在清醒的大部分時候，我們會擁有寬廣的覺察力，注意力會因為內在和外在刺激而分散到四面八方。

例如，我們聽見同事在聊天，心裡會想他們在聊什麼；看見天空中厚重的雲層，會擔心回家的路上是否下雨；聞到很香的食物，才發覺自己餓了。

反之，當我們完全投入在自己做的事情，覺察力會緊縮，認知視野變窄，因此我們對眼前的活動有高度的覺察力，對周遭事物的覺察力則大幅下降。在這個狀態下，我們不太可能被內外的刺激所分心。

例如，儘管同事在附近，我們卻沒聽見他們在聊天；儘管好幾個小時沒吃東西了，卻可能忘記吃午餐或晚餐；儘管坐在窗邊往外看，卻可能完全沒意識到天氣。

我們所有的注意力都獻給了手邊的任務。

跡象五
行動時完全沒有侷促不安

侷促不安有可能對我們的行動和決策帶來好處，例如，當我們犯錯影響到他人時，可能會感到不安。不安帶來的正面影響是，我們會產生衝動，想為自己的錯誤負責並彌補（適宜的話）。

然而，在大多數的時候，不安會對我們帶來不好的影響，特別是如果無法控制它的話。它會佔據我們的腦袋，在我們試著融入、避免丟臉、實現他人的期望時，給我們造成壓力和焦慮，這對某些人來說可能令人疲憊不堪。

在完全專注和投入的時候，不安影響不了我們。我們行動時，不會擔心是否犯錯、他人的期望以及他人如何看待自己。內在的批評聲音不再壓抑我們的行動和決定，我們的恐懼感消失了，也會感到平和與自信。

跡象六
時間認知消失

如果你曾經做過很無趣的工作，就會知道一直看時鐘的感覺是什麼，每分每秒都以龜速走過，午餐時間（還有下班時間）好似永遠不會到來。

反之，如果你曾經在嚴苛逼近的期限之下工作，你在看時鐘的時候，感受很可能不一樣，你大概會備感壓力，不知道自己能否如期完成。

在這兩個例子中，你都擁有強烈的時間認知。假如有人問你現在幾點，你可能不用看時鐘就能夠回答他們。

然而，當你的心思完全被自己在做的事情所佔據，這種時間認知便會消失。你能覺察到當下，並且全神貫注在那一刻做的所有事情，卻沒注意時間的流逝。

你很可能處在心流狀態。

跡象七

清楚明白自己在做什麼

我們每天做的事情很多都是在沒有完全理解的情況下完成的。我們或許知道自己那一刻在做什麼，卻不曉得**為什麼**要做這件事。

例如，我們專業地替上司準備好一份報告，卻不知道最後是誰會用到它、目的是什麼；我們參加某個體育聯盟的練習，但只是出自於習慣，而不是真正對這項運動或隊員感興趣；我們報名某些訓練課程或大學課程，卻沒有該如何運用所學的具體計畫。

來比較一下當我們行動時清楚明白自己在做什麼、**為什麼**要做這件事的時候。我們心中有清楚的目標，知道自己想要達成什麼，而且擁有適當的技能與知識，可以帶來那樣的結果，沒有任何不清不楚的地方。

這種心理狀態是通往心流的路徑。

種種跡象都通向心流

這並不一定表示我們處於心流狀態。在尋常的日子裡，我們肯定實際經歷過上述一或多個跡象。然而，當我們同時經歷了這七種跡象，我們不是即將進入心流，就是已經被心流包圍。

---

1 Riva, E., Riva, G., Talò, C., Boffi, M., Rainisio, N., Pola, L., Diana, B., Villani, D., Argenton, L., & Inghilleri, P. (2017). Measuring Dispositional Flow: Validity and reliability of the Dispositional Flow State Scale 2, Italian version. *PLOS ONE*, 12(9), e0182201. https://doi.org/10.1371/journal.pone.0182201

2 Magyaródi, T., Nagy, H., Soltész, P., Mózes, T., & Oláh, A. (2014). Psychometric properties of a newly established flow state questionnaire. *The Journal of Happiness and Well-Being*, 1(2), 89–100.

3 Payne, B. R., Jackson, J. J., Noh, S. R., & Stine-Morrow, E. a. L. (2011). In the zone: Flow state and cognition in older adults. *Psychology and Aging*, 26(3), 738–743. https://doi.org/10.1037/a0022359

微型與宏觀的心流

目前為止，我們討論心流時都預設這是一種二元現象，我們不是進入了心流，就是沒有進入心流。然而，這是不正確的觀點，心流其實分成許多等級，涵蓋的範圍很廣，這種強大的意識狀態其實有許多細微的差異。

只要我們承認心流的本質是流動、多變的，進入心流就沒那麼可怕。我們不再需要擔心是不是得創造「完美」的環境才能夠進入心流，也不再需要煩惱是不是得滿足心流的每一項預設條件。即使是比我們想要的還輕微的心流形式，我們還是可以享受得到心流。

什麼是微型心流？

在〈第三部分：進入心流的十個步驟〉中，談到獲得全面心流體驗所需要滿足的條件、擁有明確目標的重要性、為什麼應該順應自己的精力巔峰時段，以及內在動機的價值與回饋循環的必要性。

可是，倘若這些和其他所有的預設條件並沒有得到滿足呢？這表示我們不可能進入心流嗎？

簡單來說，並不是這樣。我們還是可以得到心流這個心理狀態，我們可以擁有「微型心流」（micro flow）。

假如心流的部分——而非全部——條件得到滿足了，便會發生微型心流，進入這種心流狀態的情境並不完美。

例如，假設你正在進行一項跟工作有關的計畫，你已經消除了周遭令人分心的事物、確立用來評估進展的回饋循環，而且這件事雖具有挑戰性，卻是做得到的。可惜，你不是在精力巔峰時段工作，也不太清楚做這件事的目的是什麼。

在這種情況下，事情還有救，你仍可以享受比較輕微的心流形式。你的沉浸程度可能沒那麼高，專注與投入程度也可能受到削減，你的心流持續時間或許沒那麼長，但你還是可以得到它帶來的許多好處，像是更多創意、內在批評聲音的反抗變弱、生產力增加、感到喜悅和滿足等等。

在這個例子中，你經歷的是微型心流。這跟全面的心流狀態比起來或許較為次等，但是依然可以帶來驚人的生產力和高度的滿足感。

什麼是宏觀心流？

宏觀心流（macro flow）是全方位的心流體驗，其特徵包括時間認知遭到扭曲、喪失自我不安，以及完全投入手邊的任務。跟這項任務無關的一切都退居幕後，不再被注意到。這就是我們在整本書描述的那種心理狀態。

這是最典型的心流，比微型心流更強烈、帶來的收穫更多。可是，所有的心流條件都必須得到滿足才行。

善加運用所有的心流形式

結論是，心流不像燈光的開關那樣只有開或關兩種形式，而是在一條廣闊的連續帶呈現許多不同的層級。重點是，只要是出現在這條連續帶上的心流，我們都能好好利用。

假如當下的情況使我們無法享受全面的心流，我們還是可以善用微型心流。儘管在微型心流期間，我們所經歷的沉浸與投入程度沒那麼深，還是能夠帶來最有創意、最具生產力、最令人滿足的成果之一。

加強挑戰

前面說過，心流的預設條件之一是在活動的難易度和我們的能力之間取得平衡。我們必須感覺到挑戰性，卻又有信心自己能克服挑戰。

有時，一件事剛開始可能很有挑戰性，但是越做越容易，到最後，甚至可能覺得無趣。例如，想像一下你的新工作跟資料輸入有關。起初，你覺得受到挑戰，因為你專注在正確輸入資料這件事情上。然而，久而久之，你發展出肌肉記憶，這份工作變得單調。挑戰消失了，它跟你的能力之間失去了平衡，這無法促成心流。

我們可以增加這件事的難易度，以逆轉這個結果，重新建立挑戰與技能之間的平衡。其中一個方式是遊戲化，這在〈步驟七：選擇具挑戰性（但是做得到）的事情〉討論過。另一個方法是「粗淺沉浸」（tangential immersion），指的是同時做兩件枯燥的事情，讓大腦保持忙碌。[4]

重點是，重新調整一件事的挑戰／技能比例可幫助我們維持心流，不讓我們的思緒因為乏味而四處遊蕩。

聆聽適當的聲音

很多人以為，安靜無聲是專注的好夥伴，可以促進心流。對某些人來說或許確實如此，但這並不適用於所有人。無數研究都曾證實，大腦會對特定的聲音做出正向反應。

例如，研究人員在一九九三年發現，聆聽莫札特的音樂可改善空間推理能力，[5]後來這被稱作莫札特效應（Mozart effect）。近期的研究也指出，聆聽白噪音可以幫助我們維持專注力，同時提升創造力。[6]研究人員也曾調查立體聲和單聲道對注意力和認知表現所造成的影響。[7]

聆聽特定的聲音可協助延長心流，但是，不同的聲音對每個人造成的影響都不一樣。基於這個原因，**你**需要進行一些實驗才能找出適合的聲音。

例如，你可能會發現莫札特效應會破壞你的心流體驗，巴哈的作品才是心流時段的理想伴奏。或者，你可能會發現白噪音令你分心，但是低頻聲波的「粉紅噪音」卻有相反的效果。

實驗各種不同的聲音，然後做筆記，運用對你有效的聲音，摒棄對你無效的聲音。

事先計畫以避開可能令你分心的事物

有些事物是無法避開的，你拿它們沒辦法，只得靠補償策略來維持專注。例如，你可能得在同事不停聊天的環境中工作。如果你不能預約會議室或其他安靜的空間，可能就必須戴上降噪耳機。

可是，有很多想要摧毀我們的專注力、把我們拉出心流的事物其實是**可以**避免的。如果我們預料到這些東西會出現，便可以事先計畫、避開它們。

例如，我們可以將手機轉為靜音、斷開網路、在一個沒有時鐘的房間工作。如果有自己的辦公室，可以把門關起來。如果是在家工作，可以請家人不要在特定時段打擾，除非有緊急事故。為了避免飢餓感使我們分心，可以在工作前吃一點充滿蛋白質和優質脂肪的食物。我們可以把大型任務分解成較小的子任務，以免因為感到招架不住而分心。

採取這類的預防措施，就可以避開可能打斷我們的混亂，使我們完全沉浸在一件事情更長的時間。

開始前先準備好所有的「工具」

你要進行的任務或活動可能需要特定工具才能完成，這些工具可能是實體的，如參考書籍、紙本文件及各種設備（像是筆電、繪圖工具、烹飪器具等），也可能是數位的，如儲存在雲端的檔案、筆記軟體以及各種用來參考、分析和計算的應用程式。

假如沒有事先準備好這些資源就開始做事，之後就得不時停下來，去取得那些東西。這樣會打斷心流，如果找不到自己要的東西，甚至會毀了這次的心流體驗。

事前準備好所有的工具，就能確保自己擁有所有的資源，也就不會因為之後不得不尋找那些東西而打斷心流。

有時，要完成一項任務或活動，你需要某樣資源或工具，但是當下還無法取得。在這種情況下，你應該記下自己需要什麼，然後繼續去進行這件事，之後再回頭處理。

例如，我在寫一本書時，常常需要參考行為科學家所做的研究。出現這種情況時，我不會停止寫作，而是打上「〔XYZ〕」，然後繼續往下寫。之後，我會搜尋文稿中的那串字母，再進行調查研究，找到適當的文獻放進去。這可以讓我不受干擾地在心流狀態下持續寫作。

總結

假如只有一小段可用的時間，延長心流不是問題。但假如我們很幸運，有很長的時間可以運用，那麼只須採取一些簡單的步驟，便能延長心流。長時間處於心流狀態為我們帶來的好處，會讓這些努力變得值得。

---

1 Parasuraman, R. (1979). Memory Load and Event Rate Control Sensitivity Decrements in Sustained Attention. *Science*, 205(4409), 924–927. https://doi.org/10.1126/science.472714

2 Katahira, K., Yamazaki, Y., Yamaoka, C., Ozaki, H., Nakagawa, S., & Nagata, N. (2018). EEG Correlates of the Flow State: A Combination of Increased Frontal Theta and Moderate Frontocentral Alpha Rhythm in the Mental Arithmetic Task. *Frontiers in Psychology*, 9. https://doi.org/10.3389/fpsyg.2018.00300

3 *Increasing the 'meaning quotient' of work.* (2013, January 1). McKinsey & Company. https://www.mckinsey.com/capabilities/people-and-orga nizational-performance/our-insights/increasing-the-meaningquotient-of-work

4 有關粗淺沉浸的研究是相對新穎的，還需要更多研究才能判定這能否有效延長心流狀態。這是一個值得關注的研究領域。

5 Rauscher, F. H., Shaw, G. R., & Ky, K. N. (1993). Music and spatial task performance. *Nature*, 365(6447), 611. https://doi.org/10.1038/365611a0

6 Awada, M., Becerik-Gerber, B., Lucas, G. M., & Roll, S. C. (2022). Cognitive performance, creativity and stress levels of neurotypical young adults under different white noise levels. *Scientific Reports*, 12(1). https://doi.org/10.1038/s41598-022-18862-w

7 Engelbregt, H., Meijburg, N., Schulten, M., Pogarell, O., & Deijen, J. B. (2019). The Effects of Binaural and Monoaural Beat Stimulation on Cognitive Functioning in Subjects with Different Levels of Emotionality. *Advances in Cognitive Psychology*, 15(3), 199–207. https://doi.org/10.5709/acp-0268-8

心流潛在的黑暗面

「可以帶來心流的美好活動……可能使人上癮，導致自我受到某種秩序所擄獲，不願面對人生的不確定因子。」

——米哈里・契克森米哈伊

我們在討論心流時，往往只會說到它帶來的好處和獎勵。沒錯，心流的確有很多寶貴的益處，可以幫助我們提高生產力和創造力、減輕緊繃和焦慮感，並且對我們的努力感到更滿足。定期實行心流可以帶來的好處和獎勵，甚至能夠改善我們的生活品質。

然而，心流也有黑暗面。雖然很少有人討論這一點，但是這很值得我們注意。心流雖然常常被說成是「最佳意識狀態」，可是若不注意也可能會導致負面的後果。

當心流使人上癮

我們尚未完全理解心流和成癮之間的關聯，研究人員懷疑心流會釋放好幾種神經傳導物質，其中一種是多巴胺，也就是「感覺良好」的化學物質。普遍的看法是，心流會讓大腦接觸多巴胺，使一個人感覺到狂喜，因此，這個人會想要一再經歷這種感覺。

常常從事高風險活動的人很常出現這種衝動。你可以想想那些賭博成癮者，當贏了自己喜歡的博弈遊戲，他們會經歷狂喜，因而繼續賭下去，儘管損失越來越大，還是要追逐那種感覺，希望再次獲得那種體驗。

再想想所謂的「腎上腺素成癮者」，他們在從事各種危險的活動——例如跳傘、攀岩和飛鼠裝滑翔——的時候，會感覺多巴胺激增。活動結束之後，他們會經歷一段失魂落魄的時期，高潮感消退了，使他們強烈渴望再次經歷那種感受（就像戒斷症狀）。

這是各種成癮者常有的經歷。這裡的重點是，花很多時間在心流狀態之中的人也有可能出現這種情況，這可能造成風險評估能力變差和出現高風險的行為。[1]

缺乏狀況覺察能力

心流最常見的特性之一，就是我們專心從事眼前的任務時，周遭世界彷彿消失了一般。在深沉的心流狀態中，我們不會意識到周遭發生的事。我們的注意力完全投入自己正在做的事，因此覺察狀況的能力下降了。經歷心流的人很常給人陷入催眠狀態的感覺。

缺乏狀況覺察能力可能會帶來不好的結果，從輕微到嚴重都有。例如，想像你在工作場合中於心流狀態下工作，同事跟你說話，你卻沒聽見，對方便可能認為你刻意忽視他，因此對你心有不滿。

或者，想像你在家於心流狀態下工作，家裡只有你一人，此時廚房起火了。在這種情形下，缺乏狀況覺察能力可能帶來巨大的危險。

如何保有控制力

在心流狀態下保有控制力需要運用自我覺察和自我管理。諷刺的是，我們越常經歷心流，對這兩者的需求就越大。我們有可能太過習慣待在心流之中，導致在那個狀態下比較沒注意到自己的情緒和行為傾向。

我們可以透過正念練習來避免這個問題。這兩件事乍看之下似乎互相牴觸：我們怎麼可能對自我與周遭環境隨時保持觀照，同時又因為心流而缺乏覺察？研究證實，正念雖然似乎跟心流一開始會發生的**投入**不相容，但是卻能夠跟深入心流之後會發生的**控制**相輔相成。[2]

探討正念和心流兩者關聯的研究目前還很有限，在等待這方面的研究變多的同時，我們可以進行一些基礎的正念練習，改善控制情緒與行為的能力。下面是幾個簡單的例行程序：

- 散步冥想
- 積極聆聽
- 正念飲食
- 靜坐
- 方箱呼吸法（box breathing）

這些練習都很簡易，只要短短的時間就能完成。假如你從未練習過正念，這是很好的起點。

繼續向前

研究人員仍在探討心流及其負面影響之間的關係，但目前得到的證據顯示，心流確實有其黑暗面，忽視這一點只會讓我們更有可能得到不好的後果。

我們可以練習規範自己的情緒和行為，把這件事放在第一位，便能減少這些風險帶來的影響。在訓練自己進入和善用心流的同時改善自我的覺察和控制力，具有莫大的益處。基於這個理由，我強烈建議你在時間允許的情況下進行上面列出的簡易正念練習。

---

1 Schüler, J., & Nakamura, J. (2013). Does Flow Experience Lead to Risk? How and for Whom. *Applied Psychology: Health and Well-Being*, 5(3), 311–331. https://doi.org/10.1111/aphw.12012

2 Sheldon, K. M., Prentice, M., & Halusic, M. (2015). The Experiential Incompatibility of Mindfulness and Flow Absorption. *Social Psychological and Personality Science*, 6(3), 276–283. https://doi.org/10.1177/1948550614555028

第五部分

特別收錄：練習進入心流的十項簡單活動

當所有的條件都完備時，要進入心流是相對容易的。環境缺少令人分心的事物最為理想，而每天晚上得到充足的睡眠、在精力巔峰時段工作，並從事挑戰／技能比例適當的活動，這些同樣也很重要。然而，如果想要隨心所欲地誘發心流，就必須砥礪自己的能力。

就好比運動員會鍛鍊自己的身體，以做好參賽準備，我們也可以鍛鍊自己的頭腦，以做好進入和維持心流狀態的準備。這個特別收錄的部分可以幫助你，後面列出的十項練習是設計來訓練我們的頭腦，使其更容易迎來心流。

你可能會想要跳過這些練習，但請克制這樣的欲望。如果不去管它，我們的腦袋很自然就會開始做白日夢、多工處理和擔心煩惱，這些都對心流不利。進行以下的練習可幫助我們在重要時刻對抗和抑制這些傾向。

我們開始吧。

活動一：緩慢閱讀長篇的非小說內容

閱讀現今似乎已成了失傳的藝術，一年連一本書都沒有讀過的人，比例高得嚇人。[1] 雖然很多人會在網路上閱讀文章，但是大部分的人都不會讀完。[2]

我們通常只會快速掃過，不會真正閱讀。我們的眼睛掃過每一個段落，尋找當下吸引我們的字眼或細節。找到那些字眼或細節後，我們的注意力就被綁架，讓速度慢下來。若沒找到，我們就會繼續掃描。

網路使這種傾向加劇，隨手可得的內容量每年都呈指數級激增。結果，我們略讀和掃過文章只是基於方便和必要。

因此，這項活動——緩慢閱讀長篇的非小說內容——可能會很吃力。它要求我們在閱讀時放慢速度，不要大略讀過文章，快速地掃過一篇又一篇內容，而是要訓練自己的腦袋確實吸收讀到的東西。

我們或許會發現，自己比原先以為的還要享受這種閱讀方式。

做做看吧！

需時：15分鐘，挑選文章並完成第一次閱讀練習

第一步，找一個提供大量長篇非小說文章的資源。下面列出幾個我最喜歡的：

- LongForm.com[3]
- LongReads.com
- Atavist.com
- EpicMagazine.com
- r/indepthstories[4]

第二步，選一篇你感興趣的文章，越長越好。可以的話，選擇圖片很少或甚至完全沒有圖片的文章。

第三步，找一處安靜的空間閱讀你選的文章，可以是你的居家辦公室或鄰近的公園，或者你

也可以到一座沒人的停車場，坐在車內閱讀。[5]

第四步，設定計時器。假如你不習慣閱讀長篇文章，長時間閱讀可能會讓你難以專心，就算你對主題很有興趣也一樣。把計時器設定為十分鐘。隨著你的專注力變得越來越強，閱讀時間也可以越拉越長。

最後，這大概也是最重要的一個步驟，那就是專心閱讀每一個字、每一句話和每個段落，仔細吸收，試圖理解它們是如何支持或偏離文章的核心敘述。

---

1 皮尤研究中心在二〇一六年發表的調查結果顯示，有百分之二十七的美國人過去十二個月以來沒有讀過任何一本書。
Perrin, A., & Perrin, A. (2020, May 30). *Book Reading 2016*. Pew Research Center: Internet, Science & Tech. https://www.pewresearch.org/internet/2016/09/01/book-reading-2016/

2 Slate 在二〇一三年發表的調查證實，在這個網站上點閱一篇文章的讀者只有百分之五讀完整篇文章。雖然這個調查有點過時，但我懷疑這個趨勢今天仍持續著。
Manjoo, F. (2013, June 6). *You Won't Finish This Article*. Slate Magazine. https://slate.com/technology/2013/06/how-peopleread-online-why-you-wont-finish-this-article.html

3 LongForm.com 現在已經沒有在發表內容，但是其龐大的文章資料庫（超過一萬篇）仍可供閱覽。

4 這是Reddit的一個子板，成員會在上面張貼調查報導文章的連結。

5 這曾經是我最喜歡的閱讀的地方，意外地讓人平靜，但請確保你選的地方是安全的（例如某個受歡迎的量販賣場開門前一小時的停車場）。

活動二：腦力激盪，替既有的問題想出跳脫框架的解決辦法

遇到熟悉的問題時，我們會本能地使用過去證實有用的方式來解決它。例如，在下班回家的路上，平常走的路線如果車流量很大，我們就會改走另一條先前順利走過的路線；如果沒有時間規畫晚餐，就到自己喜歡的可靠餐廳外帶食物。

這是解決問題的實用方法，可以節省時間、保留精力並產出可接受的解決辦法。

遇到不熟悉的問題時，我們也會採取類似的途徑，至少一開始是這樣。我們會思索以前用過的策略：這可以適用在當前的狀況嗎？如果可以，我們會先嘗試這些策略。如果不行，我們會腦力激盪，運用創意、專長、洞察力和任何自己擁有或可以發掘的事實細節來想出解決辦法。

創意對心流發揮了關鍵的影響，跟心流之間具有共生關係。契克森米哈伊將心流描述成「脫離日常生活的例行程序、踏入另一個現實的感受」。我們在心流狀態時，會變得更有創意。

反之，研究也證實跳脫框架思考可協助誘發心流。人類十分擅長辨識日常生活的固定模式，我們會以這些模式為基礎自動做出各種行為。然而，如果我們進行腦力激盪，為這些模式帶來**新**點子，便會通往心流，我們的專注力更加集中、投入程度更大、壓抑和不安會退居幕後。發生這些情況時，我們常常會直接進入心流狀態。

明白了這點，我們就應該強化創意「肌肉」，以下這項快速好玩的練習可以幫助我們做到這件事。

做做看吧！

需時：10分鐘

這項練習有兩個步驟：第一，想想你現在遇到的某個問題。假如你沒有任何問題（真幸運！），就回想不久之前遭遇到的問題，是大是小、嚴重或輕微都沒關係。

第二，腦力激盪想出解決這個問題的所有可能方法。不要自我審查，寫下你想得到的所有辦法，多荒唐可笑或不切實際都沒關係。除了你之外，沒人會看到這份清單。完成後，你就可以把它丟了。

假設你遇到的問題是有一個愛聊天的同事常常跑來找你，毀了你的專注力。那麼，你的解決辦法清單可能包含這些：

- 放一個牌子，上面寫：「請勿打擾！」
- 告訴「貝絲」（那個愛聊天的同事）你正處於心流狀態，需要專注。
- 告訴上司，「貝絲」需要更多工作。
- 請另一位同事在「貝絲」靠近時攔截她。
- 「貝絲」每次來聊天，就給她一堆待辦事項。
- 假裝你在進行通話會議。
- 「貝絲」每次開口說話，你就插嘴（她可能會覺得跟你聊天很不好玩，於是不再來找你）。
- 跟她唱反調，如果「貝絲」抱怨某件事，你就表現出開心的樣子；如果她很開心，你就表現出消極、憤世嫉俗的樣子。
- 講一些你知道會惹惱「貝絲」的笑話。
- 不斷說：「我聽不懂，貝絲。」

這些解決方法有的不切實際，可能會帶來更大的問題，但是這項練習的目的不是要解決這個問題，而是要改善我們的創意思考能力。

而且老實說，這也挺好玩的不是嗎？

活動三：規律進行調息練習以集中注意力

大部分的人都把呼吸視為理所當然，而我自己也是一直到幾年前才不這麼認為。當時，我感覺壓力很大、招架不住，於是我閉上眼睛，只專注在吸氣和吐氣上。深沉、完整地呼吸。吸氣，然後吐氣。吸，然後吐。

我是突發奇想才這麼做的，因為我需要找個方法脫離我當時感受到的壓力。結果，這項簡單的調息練習正是我當時所需要的。不到一分鐘，我就變得放鬆，能夠重新專注。

我感覺……很好。

當然，帶給我壓力的情況依然存在，但是我可以帶著平靜、而非疲憊的心理狀態面對它們，那項練習帶來了巨大的改變。

就在那一刻，我發現調息練習的好處。這個頓悟聽起來或許很愚蠢，因為呼吸是很自然的動作，我們不用多想就會做這件事。然而，有目的地呼吸卻是**完全**不一樣的事情，可以帶給我們其他東西無法帶來的回饋。

有無數研究點出了調息練習可以帶來的生理和認知益處，[1][2][3][4]我們不必浪費時間詳述那些研究，我們只需要知道，深呼吸可以減少壓力，使我們**比較不會**受到壓力所影響。

後面這個成效值得注意，會產生這個效果，是因為深呼吸能幫助我們在充滿壓力的時候調節情緒。當我們不再感到招架不住，就會變得更留意、覺察、放鬆和專注，這種心理框架讓我們更能接受心流的到來。

做做看吧！

需時：5分鐘

試試這項簡單的調息練習，這只需要花幾分鐘，隨時隨地都可以做。

在開始之前，正常呼吸幾次。如果你跟大部分的人一樣，這些呼吸應該不會很深。接下來，緩慢**深**呼吸幾次，讓空氣充滿下腹部。[5]有感覺到差異嗎？

現在，閉上眼睛，一邊用鼻子緩緩吸氣，一邊數到五。吸飽後，閉氣數到五。接著，一邊用嘴巴緩緩吐氣，一邊數到五。

進行上述的動作五次。

張開眼睛。你應該會覺得比較放鬆、覺察和專注了。雖然一開始很難注意到，但你其實已經開始在培養一項重要的能力，那就是在困難的處境中管理情緒。這項能力會讓你不容易感覺招架不住，更能專心往前邁進。

我建議每天進行數次調息練習。我自己便這麼做，發現這所帶來的好處遠遠大過所花費的極少時間與心力。

---

1 Zaccaro, A., Piarulli, A., Laurino, M., Garbella, E., Menicucci, D., Neri, B., & Gemignani, A. (2018). How Breath-Control Can Change Your Life: A Systematic Review on Psycho-Physiological Correlates of Slow Breathing. *Frontiers in Human Neuroscience*, 12. https://doi.org/10.3389/fnhum.2018.00353

2 Jerath, R., Crawford, M. W., Barnes, V. A., & Harden, K. (2015). Self-Regulation of Breathing as a Primary Treatment for Anxiety. *Applied Psychophysiology and Biofeedback*, 40(2), 107–115. https://doi.org/10.1007/s10484-015-9279-8

3 Doll, A., Hölzel, B. K., Bratec, S. M., Boucard, C. C., Xie, X., Wohlschläger, A. M., & Sorg, C. (2016). Mindful attention to breath regulates emotions via increased amygdala–prefrontal cortex connectivity. *NeuroImage*, 134, 305–313. https://doi.org/10.1016/j.neuroimage.2016.03.041

4 Ma, X., Yue, Z. E. J., Gong, Z., Zhang, H., Duan, N. Y., Shi, Y., Wei, G., & Niu, X. (2017). The Effect of Diaphragmatic Breathing on Attention, Negative Affect and Stress in Healthy Adults. *Frontiers in Psychology*, 8.

https://doi.org/10.3389/fpsyg.2017.00874

5 這稱作腹式呼吸法。

活動四：冥想十分鐘

冥想常常被誤認為是調息練習，尤其是對於不熟悉前者的人而言。然而，這兩者其實非常不一樣。

調息會運用各種呼吸技巧來改善身心健康，湧入血管的氧氣會為我們的身心帶來好處。就像前一章所說的，這有助舒緩壓力、使人放鬆、改善專注力。

冥想則是運用各種方式產出認知方面為主的益處，不僅可以減輕壓力、使人放鬆、改善專注力，還能改善睡眠、提升注意力的持續時間、管理情緒。甚至還有研究顯示，長期進行冥想的人較為不會出現跟年紀有關的認知衰退。[1]

冥想不是調息的替代做法，這兩件事相輔相成，都能帶來獨特的益處。

大部分的人想到冥想，只會想到它最老掉牙的形式，他們腦海中會浮現一個畫面：一個人靜靜坐在墊子上，眼睛閉著，雙腿盤起，雙臂伸直，十指互碰，可能口中正在誦念真言或發出低微的嗡嗡聲。

事實上，冥想有很多種形式，[2]有些可以邊做其他事邊進行。在下面這項活動中，我們要進行散步冥想。

做做看吧！ 需時：至少10分鐘

散步冥想有一點很棒，那就是讓我們有機會動動身體。因此，除了平常會得到的認知益處，我們還能夠運動。而且說實話，誰不喜歡短暫悠閒地散步？

首先，穿著舒適的服裝。如果你想在戶外進行這項活動，也要穿著舒適的鞋子（你想要的話，也可以在室內進行散步冥想）。

開始走路之前，站著不動，深呼吸幾次，同時留意自己的身體，注意你的雙腳、腹部、胸部、手臂和脖子有什麼感覺。暫時忘卻周遭發生的事，專注在全身的感受。

現在，開始不疾不徐地走路，專注在每一個步伐。注意你的雙腿每次抬起來的時候有什麼感覺；觀察雙臂是如何配合步伐前後擺動；留意你的呼吸、步態和姿勢。你的身體感覺是柔軟還是僵硬的？

繼續走，將注意力擴大到身體以外的事物。注意行經的車輛、四周的樹木或建築、周遭的聲音和氣味，留心身旁的人。

觀察微小的細節——剛剛經過的那輛車是什麼廠牌和型號？那名路人穿了什麼衣服？那棟建築物有幾層樓？

你隨時都可以停止。

散步冥想可以帶給我們兩個好處：第一，這能幫助我們擺脫平常襲擊我們的各種令人分心的事物；第二，這能訓練我們的大腦專注，我們的專注力越好，要隨心所欲進入心流就越容易。

此外，這項活動很好玩、也令人放鬆，很多人都需要在生活中增添這些元素。

---

1 Luders, E., Cherbuin, N., & Kurth, F. (2015). Forever Young(er): potential age-defying effects of long-term meditation on gray matter atrophy. *Frontiers in Psychology*, 5. https://doi.org/10.3389/fpsyg.2014.01551

2 包括超覺靜坐（transcendental meditation）、視覺化冥想（visualization meditation）、引導冥想（guided meditation）、內觀冥想（Vipassana meditation）等。

活動五：積極聆聽

你是否曾經在別人跟你說話時，心思開始飄蕩？你開始想到別的東西，例如跟工作有關的事情、必須完成的雜事、午餐要吃什麼等等。我們可能假裝在聽，甚至在適當的地方點頭附和，但是我們的注意力不在那裡。

所有人都經歷過這種情況，然而，差強人意的聆聽會帶來很多我們鮮少預料到的後果，比方說：造成誤解和受傷的感受；說話者感覺我們缺乏同理心，因此對我們的信任感和親密感減少；假如對方正在傳達重要的資訊，沒注意聽可能會使我們做出不好的決定或重大的錯誤。

差強人意的聆聽還有一個壞處，那就是我們的專注力會漸漸喪失。我們每次聆聽他人說話時允許自己的思緒飄走（偽聆聽），就是在訓練自己受到令人分心的事物所影響，我們強化了不專心和不投入的壞習慣。

於是，當我們需要專心的時候——例如在心流狀態中——就無法專心。我們或許有辦法進入心流，但是無法長時間待在那個心理狀態中，我們已經把大腦訓練得太容易分心。

我們一定要打破這個壞習慣，才能充分利用心流。下面這項活動可以幫我們重新訓練和培養自己的聆聽與專注「肌肉」。

做做看吧！ 需時：10分鐘

你可能想在跟別人聊天時練習積極聆聽，大部分的「專家」也都這麼建議。然而，我不認同這種建議，或至少我覺得一開始不要這麼做。我認為，我們應該更加謹慎地對待那些人際關係，所以在養成基本的技能水準之前，不該將他人當作訓練對象。

因此，請你選擇一個播客節目或TED演說，最好挑選你沒有興趣的主題。[1]

接著，拿出紙和筆，將計時器設定為六十秒。開始計時，同時播放內容。專注聆聽講者在說什麼，專心聆聽他們的觀點。

計時器發出聲響時，停止播放內容。寫下講者提出的所有重點，如果他們講了一個故事，就把細節寫下來；如果他們提出某些建議，就把詳細的內容記下來。

重複這個過程，直到你能回想講者在這六十秒內所說的一切。接著，把計時器設定為兩分鐘，然後是三分鐘，以此類推。

等到你可以成功完成十分鐘的積極聆聽，再跟真人練習。跟真人練習的時候，要說出你的看法、提問釐清對方的觀點，並總結對方提及的陳述與想法。

但是現在，先從播客和TED開始練起。這樣做的好處是，你可以根據自己方便的時間私下進行。

---

1 聽別人說我們有興趣的東西很容易，但要真正鍛鍊積極聆聽的技能，我們需要挑戰自己。

活動六：練習正念

正念與心流之間的關係很複雜，乍看之下，兩者好像互相抵觸，因為前者是要提升我們的廣泛覺察能力，而後者則會限縮專注力，以提高我們對特定任務或活動的投入程度，並因此犧牲對周遭世界的覺察能力。

正念與心流似乎互不相容，畢竟，我們怎麼可能同時**增加**覺察又**減少**覺察？研究證實，正念會加強心流的某些層面，同時削弱其他層面。

在二〇一五年，有一篇論文回顧了三項研究，發現正念可以增加「特質心流」（trait flow），也就是跟全神貫注的狀態相比之下做事的專注能力。[1] 在二〇一六年，有一項研究以自行車競賽選手為對象，發現用來對抗焦慮和悲觀的正念手段會帶來心流。[2] 在二〇二一年，研究人員發現正念確實可以促成心流，因為兩者都能提高當下的投入程度。[3]

關於正念能支持心流到**什麼地步**，目前仍未有定論，但是現有的證據顯示，兩者是有正向關聯的。

多虧了至今仍不斷成長的大量文獻研究，我們知道正念會帶來無數身心健康的益處。既然正念也能促成心流，我們便更有理由努力實踐正念。

做做看吧！ 需時：5分鐘

這項練習稱做「五感」，這不是我發明的，不管發明者是誰，都應該頒獎給他。這項活動既好玩、簡單，又令人放鬆，而且方便，隨時隨地都能進行。我喜歡在造訪附近的公園時做這項活動，但是你也可以在家、在工作場合或在走路時進行。

步驟如下：

首先，觀察四周**看到**的一切，包括人、車、建築和樹木（如果你在公園，松鼠當然也算）。專注在細節上，包括你平常可能忽視的那些，例如：路人穿了哪些類型的衣物？經過的車輛是什麼廠牌和型號？

接著，觀察各種使你產生**觸覺**的事物，如果你坐在公園的長椅上，可以留意椅子的硬實感；如果外頭風很大，可以留意風吹過肌膚的感受；如果你在走路，可以留意褲子接觸雙腿的感覺。

再來，觀察你能**聽到**的一切。在公園，你可能會聽見小孩子在玩的聲音；若是坐在廚房，你可能會聽見冰箱的運轉聲；在工作場所，你可能會聽見同事在講電話、印表機在運作、釘書機在裝訂的聲音。

接著，觀察你能**聞到**的味道。如果你在接近午餐時間的時候起來走走路，你可能會聞到附近餐廳準備餐點的味道；如果你在家裡，伴侶剛好走過，你可能會聞到一絲洗髮精的氣味；如果附近有人在抽菸，你可能會聞到菸味。

最後，觀察你能**嚐到**的東西。我喜歡閉上眼進行這個部分，因為這能幫助我專注。留意你正在咀嚼的口香糖的味道；留意你正在喝的飲料的味道；吸氣和吐氣時，專注在你的氣息上。

這項活動可幫助我們擴大當下的覺察，也讓我們在沒有時間或缺少隱私進行更正式的練習時，能夠練習正念。

---

1 Schutte, N. S., & Malouff, J. M. (2023). The connection between mindfulness and flow: A meta-analysis. *Personality and Individual Differences*, 200, 111871. https://doi.org/10.1016/j.paid.2022.111871

2 Scott-Hamilton, J., Schutte, N. S., & Brown, R. F. (2016). Effects of a Mindfulness Intervention on Sports-Anxiety, Pessimism, and Flow in Competitive Cyclists. *Applied Psychology: Health and Well-Being*, 8(1), 85–103. https://doi.org/10.1111/aphw.12063

3 Marty-Dugas, J., Smith, A. C., & Smilek, D. (2021). Focus on your breath: Can mindfulness facilitate the experience of flow? *Psychology of Consciousness*. https://doi.org/10.1037/cns0000251

活動七：帶著高度專注從事你最喜歡的體能活動

在進行日常活動時，我們相當依賴肌肉記憶。我們不用多想，就能做出適宜的動作。當我們重複一個行為時，大腦會創造神經路徑。一個行為做得越頻繁，其路徑就變得越強大，最後，我們便能憑直覺做出這件事。

例如，回想一下你學騎腳踏車的時候。你不熟悉這項活動，因此很有可能第一次會騎不好。然而，每一次的嘗試都會變得越來越容易，你每次坐上腳踏車、抓住手把、開始踩踏，這些動作會變得越來越輕鬆。最後，你可以毫不費力地完成這件事。

今天，你能憑直覺騎腳踏車，不太需要思考該怎麼做，正是你在發揮肌肉記憶。

學習一項活動時創造出來的神經路徑，會在你精通這項活動之後，協助促成心流。到了這個時候，你不再需要思索整件事，你可以仰賴肌肉記憶，這使你得以自由進入心流狀態，投入在你所做的事情之中。

但是，要到達那個境界，我們必須正確執行這項活動。我們有可能一而再、再而三把一件事做錯，創造出強化錯誤行為的神經路徑。在這種情況下，肌肉記憶其實會**妨礙**我們進入心流，對我們的表現造成負面影響。

做做看吧！ 需時：15分鐘

這項活動跟我們在前一章所練習的「五感」正念活動很像，只是我們不會把焦點放在視覺、觸覺、聽覺、嗅覺和味覺上，而是專注做一項活動的個別動作。

首先，選一項你想要在心流狀態下進行的體能活動，可能是某種運動、嗜好或跟工作有關的事情。

接著，一邊進行這項活動，一邊注意自己的每一個動作。留意你是否習慣憑直覺做出這些動作，你已經養成肌肉記憶了嗎？

問問自己每一個動作是否做得正確。如果不正確，就停下來，你需要進行調整，以形成正確的神經路徑，建立可促成心流的肌肉記憶。

例如，假設你想在心流狀態下打籃球，就需要仔細注意自己運球、傳球和射球的方式，你也需要留心自己在隊友和敵對球員之間移動的方式。

要成為一名熟練的籃球員，涉及到許多「移動的元素」，沒有正確執行任何一個動作，將侵蝕你的信心、增加你的壓力、阻礙你進入心流狀態，不好的習慣一定要糾正。

這裡的目標是找出影響我們進行自己最喜歡的活動的絆腳石，無論多微小，找出這些絆腳石之後，就可以進行調整，改善在這項活動中進入和維持心流的能力。

活動八：數位排毒一小時

網路是個非常好用的工具，我們可以用它來進行研究、教育、交流和檔案管理；我們會上網買東西、繳帳單、規畫旅遊、理財；我們可以跟住得很遠的親朋好友互動。當我們帶著明確的目的和自制使用網路，它便是寶貴的資源。

手機也同樣珍貴，除了上面那些功用，手機還讓我們擁有無數個有益的應用程式。這些應用程式可以協助我們提高生產力、追蹤和管理時間，並在我們養成好習慣的時候追蹤進度。

然而，這些工具就像一把雙面刃，儘管它們很有幫助，卻也有可能帶來重大的反效果。例如，研究人員懷疑網路可能影響大腦運作，損害我們的注意力持續時間和記憶過程。[1]花太多時間上網甚至可能造成網路成癮。[2]研究證實，手機也會帶來類似的後果。[3]就跟網路一樣，過度使用智慧型手機可能造成手機成癮。[4]這通常會導致焦慮、社交孤立、憂鬱、甚至妄想。[5]

這些效果都會禍及心流，可能阻止我們經歷心流。

大部分的人都無法、也不該放棄自己的數位生活，這麼做是不切實際、甚至愚蠢的。如果適當地使用這些工具，它們可以改善我們的生活品質。

話雖如此，我們還是可以減緩使用的程度。

做做看吧！ 需時：60分鐘

這項活動是所有活動中最簡單的一項，你或許也會覺得這最令人享受——我們要進行六十分鐘的數位排毒。

首先，看看行事曆，挑一個你可以遠離電腦、手機和其他裝置一個小時的時段，我們不希望任何事物干擾這項活動。

關掉手機，把它放在看不到的地方，這樣你就不會想去使用它。

遠離電腦，光是切掉網路是不夠的，也不能盯著螢幕。

不要打開電視——不要用一個螢幕取代另一個螢幕。

不要開車，因為除非你的車型比較舊，否則車子裡大概裝了各種電子裝置，如娛樂系統和各種顯示在儀表板的感應器。

在接下來的一個小時做任何你想做的事，只要跟手機或其他電子裝置無關即可，例如寫日記、閱讀、散步、打掃房子、洗車或整理花園。

享受這段沒有電子裝置的時光，你很可能會感到放鬆、專注、自信和充滿創意。

---

1 Firth, J., Torous, J., Stubbs, B., Firth, J., Steiner, G. Z., Yang, L., Alvarez-Jimenez, M., Gleeson, J., Vancampfort, D., Armitage, C. J., & Sarris, J. (2019). The "online brain": how the Internet may be changing our cognition. *World Psychiatry*, 18(2), 119–129. https://doi.org/10.1002/wps.20617

2 Kumar, M., & Mondal, A. (2018). A study on Internet addiction and its relation to psychopathology and self-esteem among college students. *Industrial Psychiatry Journal*, 27(1), 61. https://doi.org/10.4103/ipj.ipj_61_17

3 Small, G. W., Lee, J., Kaufman, A., Jalil, J., Siddarth, P., Gaddipati, H., Moody, T. D., & Bookheimer, S. Y. (2020b). Brain health consequences of digital technology use. *Dialogues in Clinical Neuroscience*, 22(2), 179–187. https://doi.org/10.31887/dcns.2020.22.2/gsmall

4 Ratan, Z. A., Parrish, A., Zaman, S. B., Alotaibi, M. H., & Hosseinzadeh, H. (2021). Smartphone Addiction and Associated Health Outcomes in Adult Populations: A Systematic Review. *International Journal of Environmental Research and Public Health*, 18(22), 12257. https://doi.org/10.3390/ijerph182212257

5 Guo, W., Tao, Y., Li, X., Lin, X., Meng, Y., Yang, X., Wang, H., Zhang, Y., Tang, W., Wang, Q., Deng, W., Zhao, L., Ma, X., Li, M., Chen, T., Xu, J., Li, J., Hao, W., Lee, S., . . . Li, T. (2020). Associations of Internet Addiction Severity With Psychopathology, Serious Mental Illness, and Suicidality: Large-Sample Cross-Sectional Study. *Journal of Medical Internet Research*, 22(8), e17560. https://doi.org/10.2196/17560

活動九：透過一系列的問題找出你的心流阻礙

心流產生阻礙可能來自許多源頭，而那些源自並植根我們心中的因子最為陰險。我們往往不會察覺到這些東西，因此無法著手處理。它們潛伏在暗處，在不知不覺間抗拒我們的意圖。

讓我用自己人生中發生過的事情當作例子：小時候，我是游泳選手，一開始我很愛這項運動，對它充滿熱忱，但是年紀增長後，別的事情變得比較重要了，我越來越難在練習或比賽時進入心流狀態。在當時的人生階段，我缺乏覺察力，因此不明白自己為何找不回心流。

我花了好幾年處在這個怪異的心靈煉獄之中，做著一件我曾經喜愛、現在卻不再喜愛的事情。我難以接受自己不斷下降的表現，挫折感持續增加。

後來，我搞懂了。我坦白問自己對這項運動有什麼感覺，結果發現我不在乎它。我的大腦已經習慣去愛這項運動，導致我感覺自己當時也必須繼續愛著它。這帶給我很大的頓悟，於是，我不再從事游泳競賽，馬上就感覺好多了。

那時候，我也正在學吉他，但是在這件事情上我同樣難以進入心流狀態。那是因為我分散了情感和注意力，放棄游泳之後，那些資源變多了，我把那些資源奉獻在彈吉他這件我**真正**想做的事上，結果心流很容易就出現了。

心流的內在阻礙往往很難辨識，問自己問題是發掘這些阻礙的好方法。一旦找出阻礙，我們便能有建設性地處理它。

做做看吧！ 需時：15分鐘

我們可以用通水管來比喻，把這項練習形容成「通一通堵塞的心靈水管」。這讓我們有機會內省，最終沖掉那些可能阻礙心流的認知與情緒阻塞物。

我們要坦率問自己三個問題：

一、這項活動為什麼對我很重要？
二、我想透過這項活動得到甚麼？
三、實現我的目標會讓我有什麼感受？

當然，我們還有很多問題可以問自己，但是這三個問題能夠直搗事情的核心。

或許，我們會發現自己以為很重要的活動現在已經不再重要（或者從來就不重要）。我們可能會知道，我們確實對這件事充滿熱忱，但做這件事的目的並不明確。我們可能會發覺，實現目標並無法像我們以為的那樣滿足自己。

這項練習可以賦予我們清晰感。它能打通我們的心靈水管，清除讓我們無法經歷心流的阻礙——不管是針對這件事或其他事情。無論如何，這都能幫我們決定自己是否應該去做打算要做的事。

（我保證後面不會再有隱喻。）

活動十：總結讀過的內容

在〈特別收錄〉這一部分的篇首，我提到閱讀是一門失傳的藝術。這說得沒錯，但也不夠準確。更準確的說法是，我們現在很少精讀了，只會略讀和掃描，快速瞥過文章、報導、甚至是一本書，尋找當下認為有趣或有用的細節。

這項練習有一個目的：我們的人生很忙碌，略讀可以讓我們充分利用時間，而且往往就足以讓我們大略知道作者的觀點。如果在趕時間，何必把寶貴的時間浪費在不必要的細節上？

問題是，我們可能太習慣略讀，導致精讀的能力萎縮了。精讀能力包括演繹推理、批判分析以及反省、評估、甚至同理作者的能力。這些能力被削弱之後，我們會變得容易分心，難以專注，而這會妨礙我們進入心流的能力。

我敢肯定你明白這個道理，你有多少次在略讀一篇文章之後，到最後卻發現自己無法回想作者的重點？假如這篇文章包含重要的細節，你可能被迫重讀。

每個人都經歷過這個問題，有些人會一整天反覆經歷。這會損及生產力，使我們不當管理、白白浪費注意力，也會阻礙心流。

所以，就讓我們重新培養精讀的技能。在這個過程中，我們將改善專注力，不受各式各樣不斷想要劫持注意力的事物所影響。

做做看吧！ 需時：25分鐘

找幾本涵蓋各種主題的雜誌，請避開跟時事或名人有關的內容，而是選擇內容比較具有洞見、發人深省或具啟發性的雜誌，例如《科學人》（*Scientific American*）或《紐約客》（*New Yorker*）。

我建議你閱讀可以拿在手上的紙本雜誌，而不是在網路上閱讀，後者會帶來太多令人分心的事物。

從眼前的雜誌選一篇短文（不到兩千字），從頭讀到尾，不要做筆記，不要重讀，不要停下來記憶某些細節，一直往下讀就對了。

讀完文章之後，試著總結大意，不要超過三句話，你可以寫下來或是說出來，先不要回去看文章。

寫下或說出大意後，檢查看看正不正確。你的大意有抓到作者的重點或概念嗎？有符合文章的架構嗎？如果有，就找更長的文章（例如四千字）重複這項練習。如果沒有，就找較短的文章練習。

精讀可以幫助我們提高覺察力和加深專注力，它能訓練我們的腦袋完全沉浸在自己閱讀的東西之中，與周遭令人分心的事物和混亂隔絕。

這是學習進入心流的絕佳練習。

關於本書的最後一點想法

心流常常被當成一件難以捉摸的事物來討論，大部分的人都認定心流只能靠機運產生，就連經常出現心流的人也這麼認為。心流發生時，他們很享受，但是覺得自己無法控制它。

然而，你其實可以在任何時候進入心流，這是可以訓練的。正確的基礎一旦建立好，你就握有控制權，可以隨心所欲進入這個絕佳的心理狀態，體驗到更多創意、輕而易舉的專注和完全的投入。在這樣的狀態下，你不僅能夠做出最好的表現，還能夠跟自己做的事產生最大的連結。

本書既是使用手冊，也是工作坊，提供了一步一步進入心流的行動計畫和經過特別設計的練習活動。

好處是，你現在擁有在任何時候進入心流狀態所需要的工具，不管你是音樂家、運動員、企業主管、自由工作者、在家顧小孩的爸媽或是兼任以上多種角色，你現在都已經擁有通往心流的驅動器。

可是，這是需要練習和覺察的，想要誘發這個意識狀態，你需要某些會帶來心流體驗並影響其品質的先決條件。

這本書把這些全都放在你的指尖，為了這個目標，我鼓勵你把所有的練習和活動都做一遍，需要時再回頭複習。跟任何技能一樣，進入心流狀態的能力會因你常常運用它而強化、也因沒有運用而退化。你需要鍛鍊特定的「肌肉」才能維持專精，就像職業跑者會為了保持在最佳狀態而舉重。

別讓這本書長灰塵（如果你買的是電子書也一樣），以最適合你的方式好好運用它。重讀某些段落，提醒自己某些關鍵重點和有用的策略。重看某些章節，確保你即將採取有目的、有成效的行動。

這是你的車子，鑰匙就握在你手中，目的地由你決定。我誠摯希望你會享受這趟旅程。